HABLAR EN PÚBLICO

MARÍA JOSÉ BOSCH

www.hablarenpublico.guiaburros.es

EDITATUM

Diseño de cubierta: ©Andrea Fernández Rodríguez (EDITATUM)

Maquetación de interior: © EDITATUM

Primera edición:Octubre de 2020

ISBN: 978-84-18429-10-1

Depósito legal: M-27306-2020

IMPRESO EN ESPAÑA/ PRINTED IN SPAIN

Si después de leer este libro, lo ha considerado como útil e interesante, le agradeceríamos que hiciera sobre él una **reseña honesta en Amazon** y nos enviara un e-mail a **opiniones@guiaburros.es** para poder, desde la editorial, enviarle **como regalo otro libro de nuestra colección.**

Agradecimientos

A Javier García Mateo, LA VOZ

Sobre la autora

 **María José Bosch** Comunicadora, escritora, formadora y *coach* en habilidades de comu- ni- cación, cuenta con más de veinte años de ex- periencia como directora y presentadora de programas en importantes medios del país como Onda Cero, Cadena COPE o Grupo Intereconomía

Ha recibido dos Antenas de Plata otorgadas por la Federación de Profesionales de Radio y Televisión por *La Luna en COPE* (COPE 2006) y *El Color de la tarde* (Grupo Intereconomía 2010)   Premio Mejor Programa de Valores (2005) y Mejor Programa Solidario (2006) concedidos por el Foro del Espectador (TV)

Autora de seis libros, especializados en comunicación y desarrollo personal: *GuíaBurros: El arte de permanecer joven; GuíaBurros: Comunicar con Éxito; GuíaBurros: Marca Personal; Yo soy single. Y qué? ; La Danza de las Emociones* y *Calla Canalla, Memorias de María Jiménez.*

Ha formado en comunicación a profesionales de empresas e impartido clases como docente en la Fundación COPE, Escuela Superior de Imagen y Sonido y en la Escuela Internacional de Protocolo, entre otras instituciones.

Movida por el ánimo de ayudar a comunicar con eficacia a particulares y empresas ha creado el Centro Español de Oratoria (CEO)

Ha dirigido la agencia de comunicación *Comunicados*, la productora audiovisual EGOON y la revista CVB. Es socia y editora de Ed. Editatum y CEO de *BOSCH Audiovisuales.*

Índice

Introducción

Tú también puedes

*Las tres cosas más importantes de un discurso son:
quién lo pronuncia, cómo lo hace
y qué se dice; y de las tres,
la última es la que menos importa.*
John Morley

Hablar en público con eficacia es, en la actualidad, una exigencia urgente. El 85 % de las profesiones en nuestros días requieren de la palabra como instrumento fundamental de su trabajo. Quien disponga de habilidades de comunicación tendrá mayores posibilidades de éxito en el campo empresarial, laboral, científico, docente, social y también personal. Venderse a uno mismo, encontrar empleo, escalar en la empresa, sacar un proyecto empresarial adelante o vender ideas son objetivos dependientes del buen manejo de la oratoria.

Hablar en público con eficacia te abrirá nuevas oportunidades, ya seas un emprendedor o empresario que debes enfrentarte con frecuencia a exposiciones y presentaciones ante tu equipo, socios, clientes o posibles inversores, un profesional que precisa realizar presentaciones de proyectos, participar en seminarios, congresos o conferencias, o cualquier persona que necesita enfrentarse, cada vez con mayor frecuencia, a situaciones donde es preciso hablar en público. Circunstancias que se han visto ampliadas en los últimos años con la irrupción de nuevas formas de acceder al público en un entorno digital, que permite a cualquier persona, con solo una conexión a internet, transmitir información, ideas y conocimientos, o vender productos o servicios a una audiencia con millones de usuarios.

Conocer y practicar técnicas para hablar en público puede mejorar notablemente tus perspectivas profesionales gracias a tu capacidad de persuadir, influir e inspirar a otros. Convertirte en un buen orador también aumentará tu autoestima, incrementando tu autoconfianza y disminuyendo tus miedos e inseguridades, aspectos fundamentales para lograr hablar en público con eficiencia.

Pero no nos engañemos; expresarnos ante grupos más o menos numerosos de personas con seguridad, convicción y credibilidad, no es fácil. Hablar en público es una situación ante la cual muchas personas muestran reticencia y/o falta de destrezas.

Sin embargo, todos conocemos a personas especialmente dotadas para hablar en público, oradores que se manejan como pez en el agua tomando la palabra en una reunión de trabajo o en la junta de vecinos, contando una anécdota entre amigos, impartiendo una charla o presentando un acto. Pero aunque en ciertas personas resulten innatas, las habilidades de oratoria se aprenden y tú también puedes educarte en ellas y aplicarlas con éxito.

Tú también puedes disfrutar hablando en público mientras convences, conmueves y consigues atrapar la atención de tu público. Solo necesitas conocer y practicar un conjunto de competencias implicadas en la oratoria, y aprender a poner el corazón en ellas.

A hablar en público se aprende hablando en público. Es por ello de vital importancia practicar con frecuencia y aprovechar cada oportunidad que pueda surgirte para realizar una exposición en público. La espectacularidad de tus logros dependerá, en gran medida, del compromiso que adquieras con tu objetivo, es decir, con el tiempo que dediques a la práctica de tu oratoria.

Naturalmente, para cumplir este requisito no es no es necesario que cuentes con una agenda programada de presentaciones o conferencias ante una numerosa audiencia, porque, no olvides, que todo lo que se dice es "hablar en público", ya sea para una persona o para miles de ellas. Practica con tus amigos, compañeros, familia.

Aprovecha toda oportunidad de hablar en público, por modesta que te parezca. De esta forma, cuando surja la gran ocasión, tendrás la seguridad, el estilo y el manejo emocional necesario para conectar, convencer e influir en tu audiencia. Toma la palabra, aunque sea en la junta de vecinos... Todo suma. Si necesitas aprender a hablar en público o mejorar esta habilidad, con tu deseo genuino de aprender y esta guía con las claves que necesitas para lograrlo, tu comunicación, sin duda, alcanzará un nivel superior.

En estas páginas encontrarás fórmulas para estructurar y escribir tu intervención en público. Estrategias para exponerlo correctamente con inicios impactantes y cierres memorables con los que captar y mantener la atención de tu audiencia. Consejos para expresarte más allá de las palabras, también con el cuerpo y la voz, para lograr una exposición en público convincente y efectivo. Técnicas para avivar tu intervención como el *storytelling* o instrucciones para una correcta respiración, indispensable tanto para aplacar tus nervios ante una intervención en público, como para una adecuada utilización de la voz, ente otras estrategias y recursos de oratoria.

En estas páginas encontraras conocimientos, estrategias y trucos de comunicación, pero también contenidos y recursos de inteligencia emocional con los que aprender a reconocer tus emociones, gestionarlas y lograr generarlas en los demás mientras les hablas. Actuar con inteligencia emocional en cualquier intervención en público te ayudará a vencer aquellas creencias limitantes que te impiden disfrutar de la gratificante experiencia de hablar en público y te permitirán sentirte, ante tu audiencia, tan grandioso como realmente eres.

> *Tú puedes, tú debes, y si tienes el coraje suficiente para empezar,*
> *tú lo harás.*
> Stephen King

Capítulo 1

¿Qué? ¿Cuál? ¿Dónde? ¿Cuánto? ¿Cómo?

¿Qué quieres comunicar?

¿Cuál es el mensaje principal que quieres transmitir? Define exactamente qué quieres comunicar.

Una buena exposición en público es aquella que transmite una idea concreta, concisa y efectiva. Es preferible que te centres en un solo mensaje que quede claro a lo largo de la exposición, que abordar distintas ideas que al final solo producen confusión. Define en una o dos oraciones la idea clave de tu exposición y asegúrate de que todos los demás puntos la apoyen.

- Exprésala en la introducción de tu intervención.
- Arguméntala durante su desarrollo.
- Y destácala en el cierre o conclusión.

¿Cuál es tu público? ¿A qué audiencia te diriges?

¿Para cuántas personas hablarás? ¿Hombres, mujeres, mixto? ¿Qué edad promedio tienen? ¿Cuál es su nivel de información y formación sobre el tema que vas a exponer? ¿Asisten por iniciativa propia? Etc.

No es lo mismo dirigirte a diez que a trescientas personas. Tampoco lo es que tu exposición gire sobre el cambio climático ante una comisión de científicos, que el mismo tema en un colegio mayor. Hablar para niños, adolescentes o ancianos, claramente tampoco es lo mismo. Si sabes a qué público te diriges y pones el foco en él, podrás cubrir sus expectativas. Pregúntate qué es lo que esperan de ti y por qué están allí.

Presta especial cuidado a los términos anglosajones o tecnicismos profesionales ante personas que no tienen un profundo conocimiento de tu "tema". Adapta los conceptos, la jerga, el lenguaje y el nivel de profundidad de tu exposición a cada audiencia en particular.

Preparar una presentación sin el público en mente, es como escribir un discurso de amor empezando con: "A quien le pueda interesar".
Ken Haemer

¿Dónde tendrá lugar tu intervención?

¿Dónde se va a desarrollar tu exposición? ¿Qué tamaño tiene? ¿Podrás moverte en él? ¿Con qué tipo de microfonía realizarás tu intervención: diadema, micro de mano, de corbata? ¿El estrado tiene una dimensión suficiente para poder moverse por él? ¿La exposición será desde un atril?

Es importante que conozcas el mayor número de datos sobre el lugar en el que se vas a realizar tu exposición. Sería recomendable, además, que pudieras realizar allí el último ensayo

¿Cuánto tiempo tienes?

No es lo mismo preparar una intervención de diez minutos que una de hora y media.

Es necesario que controles el tiempo para que tu exposición en público se desarrolle según lo previsto, evitando que agotes el tiempo de tu exposición cuando te has quedado a la mitad o que te sobre tiempo y no sepas que hacer con él.

Truco: Prepara tu exposición ajustándola a un tiempo siempre inferior al que está previsto, porque es más que probable que a lo largo de tu intervención te extiendas con saludos, agradecimientos, alguna anécdota improvisada y otros imprevistos que pueden mandar al traste tus previsiones de tiempo.

Nadie se ha quejado nunca de que un discurso fuera demasiado corto.
Ira Hayes

Tus intervenciones en público no debe extenderse más allá de lo estrictamente necesario, y la regla de oro para lograrlo es ir "al grano", evitando dar rodeos que se "comerán" tu tiempo sin añadir nada importante a tu exposición. Llevar ordenada y aprendida tu exposición evitará que pierdas un tiempo que no puedes permitirte.

Si quieres que hable durante una hora estoy listo hoy.
Si quieres que hable durante unos minutos
necesitaré unas semanas para prepararme.
Mark Twain

¿Cuál es tu objetivo de tu intervención?

El objetivo general de tu discurso es la intención del mismo:

- Entretener
- Informar
- Formar
- Motivar
- Persuadir

Es fundamental tener claro si el objetivo de tu exposición es transmitir una información, manifestar tu opinión sobre un tema determinado, motivar, entretener, etc.

Según Stephen M. Kosslyn, profesor de psicología de la Universidad de Harvard, toda exposición requiere, con independencia de tus objetivos específicos, de tres objetivos generales:

1. Conectar con la audiencia.
2. Dirigir y mantener la atención de la audiencia.
3. Fomentar la comprensión y el recuerdo en la audiencia.

Capítulo 2

Comunicas lo que sientes, solo lo que sientes

*Hablas correctamente cuando tu lengua puede
transmitir el mensaje de tu corazón.*
John Ford

Inteligencia emocional y oratoria

La oratoria es un arte que tiene la finalidad de persuadir y conmover. Por muy poderoso que sea un mensaje, si no emociona, difícilmente logrará su objetivo.

La inteligencia emocional ayuda al orador a comprender, gestionar y transmitir adecuadamente sus emociones, pero también le otorga la capacidad de generar emociones y estados de ánimo en su audiencia, somos fundamentalmente transmisores y generadores de emociones.

El corazón del loco está en la boca; pero la boca del sabio está en el corazón.
Charles Chaplin

Este término, popularizado por Daniel Goleman en su libro *Emotional Intelligence* (1995), organiza la inteligencia emocional en torno a cinco capacidades:

- Autoconciencia emocional
- Manejo de las emociones
- Automotivación
- Empatía
- Habilidades sociales

La clave de la oratoria es transmitir emociones: fuerza, ilusión y entusiasmo conectan con el corazón de quienes te escuchan. Si vas a realizar una exposición en público es porque tienes algo que transmitir, y además quieres hacerlo. ¡Pon entusiasmo, fuerza e ilusión en tus palabras!

Un manejo defectuoso de las emociones te provocara nerviosismo, miedo, inseguridad o falta de empatía, estados que arruinarán tu exposición por interesante que sea el contenido. No olvides que la palabra crea y transforma emociones, y serán aquellas que transmitas las que el público experimentará…

El principal recurso del orador no son las pruebas ni los argumentos, como en un juicio o en una conferencia, sino las emociones que transmite.
Ricardo García Damborenea

Apuntes sobre emociones

La palabra emoción deriva del latín *emotio*, que significa "movimiento", un impulso involuntario originado como respuesta a estímulos externos que desencadenan conductas automáticas. Procesos neuroquímicos y cognitivos relacionados con la toma de decisiones, memoria, atención, percepción e imaginación, que tienen la capacidad de generar estados mentales y comportamientos beneficiosos o perjudiciales, provechosos o nocivos.

Una característica intrínseca de la emoción incluye siempre un juicio o valoración donde intervienen un conjunto de conocimientos, actitudes y creencias con las que valoramos una situación concreta. Así, influimos en positivo o negativo en el modo en que la percibimos.

Eternas y universales

Las emociones forman parte de nuestra existencia. Constituyen un laberinto de sensaciones que guardan el mágico poder de influir en nuestra manera de ver el mundo. Provocan el llanto o la risa. Nos hacen estremecer, nos vuelven coléricos o nos llevan al éxtasis. Pueden arrojarnos al barranco del odio o sumergirnos en un baño de amor. Nos permiten disfrutar de la vida, pero también pueden precipitarnos al vacío, a la desolación y a la tristeza.

- Claves de una intervención en público eficaz
- Saber trasladar una idea para que se entienda
- Saber trasladar una idea para que se recuerde
- Saber trasladar una idea para que permanezca

Para lograr este objetivo necesitas herramientas de comunicación, pero también otros recursos emocionales que te ayuden a liberarte del miedo y a creer firmemente en ti, condiciones indispensables para proyectar seguridad y naturalidad desde el minuto uno hasta el final de tu exposición en público.

Sin inteligencia emocional no es posible ser un buen orador. Hablar en público, aunque muchos así lo crean, no consiste simplemente en transmitir información; tal cosa lo puede hacer cualquiera. Comunicar es llegar al corazón de quien te escucha. Si tu mensaje no logra conecta emocionalmente con las personas que te escuchan, es seguro que tu intervención en público, cualquiera que sea, no generará ningún impacto en tu audiencia. "Comunicamos", solo, cuando somos capaces de conectar con el público desde el corazón. El resto es transmitir información, pero comunicar, verdaderamente, es llegar al corazón del otro

La inteligencia emocional determina nuestro éxito en la vida.
Daniel Goleman

Claves de oratoria dependientes de la IE

La inteligencia emocional se ocupa de objetivos fundamentales que debes cumplir si quieres ser un buen orador.

- Trasladar confianza
- Influir en la audiencia
- Actuar con naturalidad
- Hablar desde el corazón
- Gestionar el miedo

Transmitir confianza

Las ideas que tienes acerca de ti mismo influyen directamente en tu exposición en público. Las personas que no tienen confianza en sí mismas y, en consecuencia, tampoco en lo que dicen, difícilmente lograrán transmitir un mensaje creíble a quienes les escuchan.

El objetivo de toda intervención en público, no lo olvides, consiste en atraer y mantener la atención de nuestros oyentes. Sin autoconfianza es un reto difícil de lograr….

Todo lo que te sucede es un reflejo de lo que crees de ti mismo. No podemos superar nuestro nivel de autoestima ni podemos atraer hacia nosotros nada más que lo que creemos que valemos.
Iyanla Vanzant

Influir en las personas

¿No es extraordinario tener el poder de motivar, inspirar o reforzar a quienes te escuchan? La inteligencia emocional nos permite comprender y gestionar nuestras emociones, pero también reconocer e influir en las emociones de los demás, dándonos la capacidad de modificar el estado de ánimo de una persona o de un auditorio entero.

Sean cuales sean las palabras que usamos, deberían ser usadas con cuidado, porque la gente que las escucha serán influenciadas para bien o para mal.
Buda

Platón ya definió la oratoria, hace más de dos mil años, como el acto *de ganar la voluntad humana a través de la palabra.* En la actualidad, los expertos coinciden en que la oratoria es una de las habilidades más poderosas para influir en otras personas. Por esto resulta fácil entender que *el arte de hablar en público* constituye una herramienta fundamental para posicionar tu marca personal o profesional, y vender productos y servicios tanto en el entorno real como virtual. Un objetivo que logrará la persuasión con la que hables, las emociones que generes y la necesidad que logres infundir en tu audiencia.

Actuar con naturalidad

Es decir, ser tú mismo, sin miedo a mostrarte tal cual eres. Cuando nos expresamos con naturalidad, transmitimos credibilidad y seguridad, una combinación que nos ayuda a ganar la confianza de quienes nos escuchan. Por el contrario, si nuestra forma de hablar revela nerviosismo, un estilo forzado, una actitud teatral, probablemente el auditorio terminará por desconectar de nosotros, y en consecuencia, de aquello que pretendamos contarles.

Nada impide tanto ser natural como el deseo de parecerlo.
François de La Rochefoucauld

Hablar desde el corazón

Para hacer bien *cualquier cosa* en la vida, en primer lugar se encuentra el amor con las que las hacemos y después la técnica que empleamos para realizarlas. Y esto vale para hablar en público y para cualquier otra circunstancia en nuestra vida.

Hablar con el corazón es un ejercicio de sinceridad que requiere de buenas dosis de autoconfianza y seguridad. Cuando hablas desde el corazón, emocionas con tu pasión por lo que cuentas, envuelves con tus palabras a quienes te escuchan, conectas con su corazón, y eso es precisamente lo que hace tu exposición memorable. Sin emoción, las palabras no dicen nada, están vacías…

Lo que somos capaces de sentir, somos capaces de decir.
Cervantes

Capítulo 3

Poderosa autoestima

Hay que tener fe en uno mismo. Ahí reside el secreto.
Aun cuando estaba en el orfanato y recorría las calles buscando
qué comer para vivir, incluso entonces me consideraba el actor más
grande del mundo. Sin la absoluta confianza en sí mismo,
uno está destinado al fracaso.
Charles Chaplin

Autoestima, la clave del orador

La autoestima es el conjunto de pensamientos, emociones y percepciones que tienes de ti mismo. Es lo que piensas y sientes sobre ti, una autovaloración de enorme importancia, porque de ella depende en gran parte la realización de tu potencial personal y los logros que atesores en la vida. El grado de amor que sientas por ti mismo es clave en la relación saludable o patológica que mantienes contigo y también con tu entorno.

Quién mira afuera, sueña: quién mira adentro, despierta.
Carl Gustav Jung

El resultado del juicio que ejercemos sobre nosotros mismos depende en gran parte de lo que hayamos aprendido, es decir, de los mensajes que de una u otra manera llevamos grabados en nuestra mente. Por este motivo, a menudo las emociones se generan en el recuerdo, influyendo directamente en tu experiencia del presente.

Afortunadamente, la autoestima no es innata. Se desarrolla y fluctúa a lo largo de la vida. Por tanto, su gestión está en nuestras manos, y aunque no es una labor fácil, sus resultados justifican cada esfuerzo dirigido a mejorarla.

Si crees que no vales mucho, no encontrarás a nadie que aumente tu precio.
Michael Aguilar

La intervención de los pensamientos es constante en la mayoría de los miedos, y naturalmente también interviene directamente en el conocido y temido miedo escénico. Miedos basados en pensamientos negativos, que anticipan los posibles desastres de tu exposición, son: "voy hacer el ridículo"; "se van a reír de mí"; "no lo voy a conseguir nunca"; "yo no sirvo para esto"... Estos pensamientos automáticos e irracionales con los que te atacas a ti mismo pueden llegar a ser tan destructivos que disminuyan tu autoestima hasta niveles patológicos.

La felicidad de tu vida depende de la calidad de tus pensamientos.
Marco Aurelio

Sientes como piensas.
Actúas como sientes.

La baja autoestima está relacionada con una distorsión del pensamiento, es decir, con una forma inadecuada de pensar. Las personas con baja autoestima tienen una visión distorsionada de quiénes son realmente, sufriendo temores, derivados en la mayoría de las ocasiones del poco valor que se dan, y en consecuencia con la devaluación de sus capacidades.

Nuestros temores son en muchos casos nuestros fantasmas, y en la medida en que sigamos creyendo en ellos —no tengamos la menor duda— su fuerza irá aumentando.

Ninguna pasión elimina tan eficazmente la capacidad de actuar y de razonar de la mente como lo hace el miedo.
Edmund Burke

Tu dialogo interno, ¿te refuerza o te debilita?

Todos entendemos la célebre frase "somos lo que comemos", acuñada por el filósofo y antropólogo alemán Ludwig Feuerbach, e intentamos alimentar nuestro cuerpo adecuadamente. Pues bien, el alimento de nuestros pensamientos no es otro que las palabras con las que lo alimentamos, el lenguaje interno que mantenemos con nosotros mismos ¡No te cuentes historias de terror!

Somos lo que nos contamos, y este lenguaje —del que no siempre somos conscientes— influye notablemente en nuestra autoestima, determinando así el modo en el que percibimos nuestras capacidades ante los retos que se nos presentan o buscamos en la vida. Por ejemplo, el reto de hablar en público….

Si te hablas con desprecio, cuestionando tu potencial para lograr un objetivo, acabarás —no lo dudes— actuando como si, efectivamente, fueras incapaz. Si tu diálogo interior refuerza la idea de que eres capaz, con toda probabilidad lo lograrás. Quien constantemente piensa en dificultades, las encuentra; igual que quien acostumbra a pensar en positivo, halla siempre motivos de alegría.

Sabiendo esto, puedes decidir con qué pensamientos deseas nutrir tu mente…

Louise L. Hay

Ataques de pánico, ansiedad frente a la idea de hablar en público, tienen como denominador común entre quienes lo padecen un diálogo interno negativo y cargado de perniciosos pensamientos automáticos. El primer paso para actuar de modo más positivo consiste en tomar consciencia del diálogo interno que mantienes en tu día a día. Después resultará imprescindible que dirijas tu esfuerzo a modificar los pensamientos autodestructivos que detectes.

Cuando magnificas la dificultad que puede entrañar atreverte hablar en público, solo consigues hacer la montaña más alta de lo que es, y tal cosa, claro, te asusta. Despréndete de autosabotajes del tipo: "No sé", "no sirvo", "no soy capaz", "no puedo", "no valgo"… Cuidado con lo que te cuentas.

Martin Luther King

Cambiar la mirada, un gesto poderoso

Hace más de dos mil años, Epicteto solía recomendar a sus discípulos que se guiaran por los hechos y no por los prejuicios: "A los hombres no les perturban las cosas que le suceden, sino la percepción que tiene de las cosas que les pasan", dejó dicho el filósofo griego.

Cambiar la mirada sobre las cosas que nos suceden en la vida logrará, como por ensalmo, que todo cambie aunque todo permanezca igual, porque lo determinante para nuestro bienestar o martirio emocional no es lo que nos sucede en la vida, sino lo que pensamos sobre lo que nos sucede en la vida. Con esta información sentimos y actuaremos en consecuencia, mecanismo que se explica porque el pensamiento siempre es previo a la emoción que sentimos.

Cuando cambias la forma en que miras las cosas, las cosas que miras cambian.
Wayne Dyer

Si puedes cambiar aquello que te provoca insatisfacción, empieza ahora mismo; si no lo puedes cambiar, transforma inmediatamente la forma en que piensas sobre ello y —no lo dudes—, tu actitud también cambiará.

El pensamiento, el sentimiento y la conducta se influyen entre sí, no son fenómenos aislados. Por ello, si logras cambiar tu pensamiento, es probable que también cambien tus emociones y sentimientos, y como consecuencia también cambiará tu conducta. El papel de los pensamientos en nuestro estado de ánimo es sencillamente mágico. ¡Aprovéchalo! Utiliza los pensamientos a tu favor para que te ayuden a lograr tus propósitos, en lugar de ahogarlos…

Recuerda; emociones y creencias (pensamientos) generan comportamientos (acciones), y estos, finalmente, tienen unos efectos (resultados).

¿Quién dirías que es tu mayor enemigo? Recursos para reforzar la autoestima

En 2014, Hal Hershfield, un prestigioso psicólogo de la UCLA (Universidad de California, Los Ángeles) planteó una pregunta ante un millar de personas: "¿Quién dirías que es tu peor enemigo?". Más de la mitad de su audiencia contesto: "Yo mismo". Ahora te toca a ti. Piénsalo: ¿quién consideras que es tu peor enemigo?

Algunas personas confían a ciegas en ellos mismos y se lanzan a conseguir grandes objetivos, sin embargo otros viven atados a su inseguridad, incapazes de alcanzar sus metas. De tu gestión emocional dependerá que formes parte de uno o de otro colectivo.

Las personas que tienden a pensar de forma negativa, con exceso de autocrítica y pocas palabras positivas hacia sí mismos, suelen ser personas muy inseguras, con una baja autovaloración. Al contrario, aquellos que tiene confianza en sí mismas y actúan con seguridad, "se hablan" de forma positiva con un lenguaje interior saludable, disfrutan de una sana autoestima que les facilita y mucho su vida.

Quererse a uno mismo es el principio de
un romance para toda la vida.
Oscar Wilde

Confía en ti mismo

¿Qué confianza te transmite una persona que no confía en sí misma? La confianza en uno mismo constituye un poder extraordinario que, precisamente, será la varita mágica que te ayudará a persuadir y despertar el interés de tu audiencia. Por mucho peso que tenga su contenido, hablar bien en público es una quimera si no proyectamos autoconfianza en nuestra exposición.

Apóyate en tus fortalezas, encuentra motivos para confiar en ti; seguro que son numerosos. No menosprecies tus logros, debes ser más consciente de ellos y también de las cualidades personales que los hicieron posible.

Ejercicio

Este sencillo ejercicio puede serte muy útil.

Haz un listado de los éxitos que consideres haber tenido en la vida e identifica las cualidades que necesitaste para lograr alcanzar cada uno de ellos. Obtendrás muchas respuestas.

La inseguridad al hablar en público está estrechamente relacionada con el escaso dominio del tema que vas a exponer. Puedes paliar esa falta de seguridad preparando, ensayando tu próxima exposición en público a conciencia.

Si crees totalmente en ti mismo,
no habrá nada que esté fuera de tus posibilidades.
Wayne Dyer

No dependas de la opinión ajena

Buscamos la aceptación de los demás porque necesitamos sentirnos queridos y valorados, lo que no es otra cosa que poner el poder en los otros, en lugar de centrarlo en nosotros mismos.

Escuchar la opinión que los demás tienen de nosotros puede ser interesante y útil, porque nos permite tener otro punto de referencia, pero siempre con el debido criterio, porque vivir pendiente de la opinión ajena representa un caudal de insatisfacción. Probablemente si tienes miedo a hablar en público, un factor importante se encuentre en el miedo que sientes al juicio, a lo que otros pensarán de ti… Pero, ¿realmente importa tanto lo que otros puedan pensar de tu resbalón hablando en público? Si son extraños, ¿qué importancia tiene lo que crean? Si son amigos, ¿van a cambiar su opinión sobre ti porque te trabaste o te bloqueaste? Pero la pregunta fundamental sería: si tienes miedo porque normalmente te bloqueas, ¿qué podría hacer al respecto?

Trabaja tus recursos, siéntete valioso por ti mismo y dejarás de necesitar que otros te consideren como tal.

La templanza del orador es una de las mejores armas de persuasión.
Aristóteles

Sé tú mismo

El resto de papeles están cogidos... Solo siendo tú mismo podrás derribar esa cuarta pared que te separa del público.

Es frecuente que las personas valoremos poco lo que somos y aspiremos a ser precisamente aquello que no somos. La autenticidad se relaciona directamente con el autoconocimiento, que te ayudará a descubrir tus fortalezas y debilidades, para potenciar las primeras y trabajar en las segundas. Ser tú mismo significa valorarte sin confundir, eso sí, con la arrogancia, común denominador entre quienes exhiben una escasa autoestima.

El tabique que separa la sana autoconfianza de la insana arrogancia es realmente muy fino.
Haruki Murakami

No trates de parecerte o imitar a nadie, porque por bien que lo hagas, no serás más que una versión más o menos lograda, pero te faltará autenticidad, cualidad indispensable para convertirte en un buen orador.

Permítanos hablar, aunque mostremos todos nuestros defectos y debilidades: porque ser consciente de ello y no esconderlo es una señal de fortaleza.
Herman Melville

Huye de las comparaciones. La comparación envenena, provocando en nosotros una peligrosa respuesta de inseguridad y desánimo. En lugar de compararte con otros, revisa dentro de ti, haz inventario de tus fortalezas, de tus dones, de tus logros, para encontrar tu verdadero potencial. Acéptate, y si consideras que hay cosas que necesitas cambiar, trabaja hasta conseguir la mejor versión de ti mismo.

> *Hay demasiadas personas que sobrevaloran lo*
> *que no son y subestiman lo que son.*
> Malcolm S. Forbes

Conócete a ti mismo

Es uno de los más famosos aforismos de la antigüedad griega. Uno de los siete sabios lo dejó inscrito en el frontispicio del templo de Delfos: *Nosce te ipsum*[1]

El autoconocimiento es otra de las claves fundamentales que te permitirá mejorar tu oratoria. Por ello, para hablar en público con eficacia necesitas comenzar con un profundo trabajo interno para lograr conocerte, y así encontrar tu voz propia.

> *Si conoces al enemigo y te conoces a ti mismo, ni en cien batallas*
> *correrás peligro; si te conoces a ti mismo, pero no conoces al enemigo,*
> *por cada batalla ganada perderás otra; si no conoces al enemigo ni a*
> *ti mismo, perderás cada batalla.*
> El Arte de la Guerra, Sun Tzu

---

[1]   "Conócete a ti mismo".

Potencia tu autoconfianza
al hablar en público

Habla de lo que sabes. En la medida de lo posible, habla de los temas que dominas.

Cree en lo que estás diciendo. Si no te crees lo que estas contando, te resultará complicadísimo lograr que lo haga tu audiencia. Resulta mucho más fácil ser convincente ante el público si te importa aquello que estás exponiendo, si verdaderamente te interesa. Tu exposición en público debe enamorar a tu audiencia. Enamórate para enamorar.

El miedo es ese pequeño cuarto oscuro donde los objetivos negativos son revelados.
Michael Pritchard

No esperes a *sentirte total y absolutamente seguro* antes de dar tu primera charla en público, porque tu seguridad aumenta cuando, simplemente, actúas. El origen de la confianza consiste precisamente en empezar a actuar, en dar los primeros pasos, por pequeños que estos sean. La procrastinación, —grábatelo a fuego— siempre, siempre, siempre, es muy mala consejera.

En palabras de Andy Warhol, "las cosas no cambian, yo cambio las cosas". Aferrarnos a las seguridades genera curiosamente todo lo contrario; inseguridad permanente. Si tienes en mente algún proyecto o idea para mejorar tu vida laboral o personal, en definitiva, tu manera de vivir, pon manos a la obra y lánzate ya. Más vale correr el riesgo que despertar dentro de unos años con el pensamiento martirizante de que tus miedos fueron más fuertes que tus sueños.

Capítulo 4

Miedo escénico: la pandemia silenciosa

Miedo escénico

El miedo a hablar en público es una forma de ansiedad más frecuente de lo que imaginas. Un 75 % de la población sufre algún sentimiento de ansiedad o nerviosismo al enfrentarse una exposición en público, independientemente de su nivel cultural, social o económico.

Conocido como miedo escénico, puede variar desde un nerviosismo leve a un miedo paralizante. Enfrentarte a una exposición en público con inteligencia emocional, es decir, con una buena gestión de tus emociones, te permitirá identificar y regular esta peligrosa emoción, responsable de tantos proyectos que podrían haber sido, pero no fueron…

Nada puede detener a un hombre con la actitud mental correcta de alcanzar sus metas; nada en este mundo puede ayudar a un hombre con la actitud mental equivocada.
Thomas Jefferson

¿Enfrentarte a hablar en público?

Al menos ese parece ser el concepto de un buen número de libros, manuales y cursos de todo tipo para aprender a hablar en público. Elaborados todos ellos con la mejor de las intenciones y magníficos contenidos para lograr su objetivo de enseñar, he encontrado entre algunos de sus títulos, mensajes que de por si predisponen al miedo, cuando no al pánico: *"¿Cómo enfrentarte al miedo a hablar en público?"*, *"Consejos para superar tu miedo escénico y poder enfrentarte a cualquier tipo de público"*, *"Enfrentarte sin temor a hablar en público"* ….

Enfrentarse es oponerse, competir o enemistarse una persona con otra, significa mantener una situación de lucha…. ¿Dónde está escrito que hablar en público signifique alguno de estos términos? Nada más alejado de la realidad, sin embargo es frecuente utilizar ese tipo de terminología bélica. Pero hablar en público no es una batalla, no tienes que enfrentarte a nadie, ni prepararte para ningún combate. La audiencia no es tu rival… relájate. Hablar en público, comunicar, compartir, ayudar a través de la palabra es un acto de amor y no de guerra que puede convertirse en una de tus experiencias más gratificantes.

No solo es necesario aprender a hablar en público es vital, además, aprender a disfrutar con ello.

Síntomas fisiológicos, cognitivos y conductuales del miedo a hablar en público

Fisiológico: alteración de la frecuencia cardiaca, sudoración, dolor de cabeza, malestar estomacal y en ocasiones náuseas.

Cognitivo: confusión mental, miedo al fracaso y al ridículo, autoexigencia

Conductual: tartamudeo, silencios largos y frecuentes, ganas de escapar de la situación, utilización de calmantes o estimulantes.

Uno de los mayores descubrimientos que hace un hombre, una de sus grandes sorpresas, es descubrir que puede hacer lo que temía que no pudiera hacer.
Henry Ford

Cómo se origina el miedo a hablar en público

Hay numerosos estudios sobre esta fobia, que de manera resumida apuntan a varias posibles razones:

- Trauma del pasado: una mala experiencia del pasado puede ser responsable del miedo a hablar en público en el presente.

- Timidez: las personas tímidas tienden a desarrollar con más frecuencia más miedo a hablar en público, algo fácil de entender sabiendo que le aterra la exposición en general.

- Baja autoestima: tener miedo a la desaprobación o al juicio de los demás evitará que te expongas a la exposición.

Miedos saludables y miedos patológicos

Hay miedos que son instintivos y saludables. Representan una valiosísima señal, constituyen una respuesta de nuestro cuerpo con el fin de avisarnos y protegernos del peligro, un reflejo indispensable para la supervivencia. Cuando interpretamos una situación amenazante, la adrenalina y la noradrenalina nos empujan a actuar, y nosotros decidimos cómo lo hacemos. Las señales fisiológicas son evidentes: las manos transpiran, se nos acelera el ritmo cardiaco y la respiración, los músculos se contraen y nos tiemblan las manos. Surge el miedo, que nos avisa y nos protege.

Es evidente que las circunstancias que pueden provocarnos esta emoción universal no son iguales para todos nosotros. Un mar bravío, por ejemplo, puede representar una amenaza para quien no sepa nadar, y dejarlo de ser para un experto nadador. El miedo en este caso nos hace ser prudentes y valorar los recursos con los que contamos para resolverlos. No sabemos nadar, pues no nos tiramos a la mar. Aunque, claro está, también podemos aprender a nadar. Por el mismo principio, si tu miedo es a quedarte en blanco ante una exposición en público, una reacción saludable ante ese miedo será tomar todas las medidas necesarias para reducir esa posibilidad al mínimo, con preparación y mucha práctica.

Hasta aquí, bienvenida sea la emoción que lleva protegiéndonos desde el principio de los tiempos. La mayoría de nosotros experimentamos el miedo como una señal de alarma que nos dice: ¡Peligro! Pero pensémoslo: ¿dónde está el peligro de hacer una exposición en público? ¿De qué sientes que debes que protegerte? ¿Qué es lo peor que puede suceder? ¿Qué consecuencias tendrá el peor de los escenarios? ¿Miedo a hacer el ridículo? ¿A qué se rían de ti? ¿A tartamudear? ¿A perder prestigio profesional ¿A cuántas personas conoces a las que hayan despedido de su empresa por no haber concluido con éxito una exposición en público? ¿Cuántas empresas han quebrado porque su responsable, durante una intervención en público, no estuvo a la altura esperada? Hasta donde yo conozco, nadie ha ingresado en la UVI por hacer una presentación en público espantosa. Poniéndonos en el peor de los casos, los resultados de una exposición en público que concluya con mayor o menor fortuna, no constituirán la tragedia pera tu vida… Piénsalo.

Con demasiada frecuencia sentimos miedo ante cosas que no son peligrosas. Un claro ejemplo es la experiencia de hablar en público; el miedo que nos puede salvar se confunde con excesiva prudencia, reticencia o desconfianza, y aparece el miedo negativo, destructivo, irracional, excesivo responsable de la gran mayoría de tus limitaciones ante una exposición en público. Como el resto de los miedos e inseguridades que padecemos, el miedo escénico procede de nuestros pensamientos, nosotros mismos lo creamos.

El hombre que tiene miedo sin peligro,
inventa el peligro para justificar su miedo.
Alain

Errores cognitivos del miedo escénico

"Si no lo hago perfecto, no querrán volver a contar conmigo"; "me quedaré en blanco y la gente pensará que soy un incompetente"; "no sabré expresarme bien"; "los demás se darán cuenta"; "se reirán de mí"; "nunca seré capaz de conseguirlo"; "soy un desastre para esto"; "me voy a quedar bloqueado, lo sé"; "voy a tener un ataque de pánico"; "voy a hacer el ridículo".

¿Qué son las distorsiones cognitivas?

Son patrones de pensamientos automatizados, negativos e irracionales. Ideas acerca de nosotros mismos y del mundo, pensamientos que distorsionan la realidad con resultados limitantes y dañinos.

Los pensamientos son construcciones de tu mente, y en consecuencia solo hipótesis, no hechos inamovibles, ya que otra persona podría pensar de forma distinta ante las mismas circunstancias o hechos.

Ante una misma situación, podemos generar dos tipos de pensamientos distintos, que generan consecuencias emocionales y conductuales muy diferentes.

Clasificación de los diferentes tipos de pensamientos

Ya sea de manera consciente o inconsciente, mantenemos un diálogo interno constante con nuestros pensamientos. A modo de ejemplo:

Pensamientos adaptativos: pensamientos realistas que desencadenarán emociones adecuadas a la situación.

Pensamientos no adaptativos: pensamientos que distorsionan la realidad, desencadenando emociones inadecuadas a la situación.

Distorsiones del pensamiento más frecuentes

Personalización: tomarse las cosas como si fueran algo personal, juzgar los acontecimientos como consecuencias, exclusivamente, derivadas de nuestros actos.

Predicciones negativas: sobreestimar la probabilidad de que ocurra un acontecimiento negativo y de cometer errores.

Evaluaciones catastróficas: evaluar una situación como lo peor que podría ocurrir.

Minimización: darle poca importancia a las circunstancias y hechos positivos.

Recuerdo selectivo: rememorar experiencias negativas y obviar las positivas.

Demandas: los "debería" y los "tengo que"… Exigencias internas sobre las capacidades propias o de los demás sin pensar si son sensatas, razonables, justas en el contexto o situación que se requieren.

Pensamiento dicotómico: el todo o nada.

Tu miedo a hablar en público, en elevadísimos casos, es irracional y carece de fundamentos. Libérate de pensamientos negativos y alimenta los positivos. En ocasiones, la causa de uno de los miedos más recurrentes a la hora de hablar en público, "quedarte en blanco", es una profecía autocumplida, que ya venías anticipando días antes de tu intervención… Estas cosas pasan, sí.

Esfuérzate en cambiar pensamientos perjudiciales del tipo "todos van a notar que estoy nervioso", "voy a tartamudear de los nervios", "me quedaré en blanco", "no seré capaz de hacerlo", para apoyarte en pensamientos más balsámicos como: "*sé de lo que voy a hablar y además, he preparado mi intervención*", "nadie nota mis nervios, estoy exagerando", "voy a respirar adecuadamente y me tranquilizaré", "voy a olvidarme de mi histeria para centrarme en la exposición que voy a realizar".

Para cada pensamiento negativo que identifiques, buscar un pensamiento alternativo verosímil.

Algunos ejemplos:

Pensamiento negativo. "El público va a notar lo nervioso que estoy".
Pensamiento alternativo. "Es mucho mayor el miedo que siento que lo que el público pueda percibir".

Pensamiento negativo. "Me voy a quedar en blanco".
Pensamiento alternativo. "Si sucede, realizaré una pausa, beberé un poco de agua, miraré mis notas y encontraré la forma de seguir"

Pensamiento negativo. "Haré el ridículo".
Pensamiento alternativo. "He preparado adecuadamente mi intervención y sé de lo que voy a hablar, así que no hay razón para pensar en catástrofes".

Pensamiento negativo. "No puedo enfrentarme a esta situación".
Pensamiento alternativo. "Solo voy a realizar una intervención en público, no voy a ningún combate. La audiencia no es mi enemigo".

Pensamiento negativo. "El público pensará que lo que voy a decir no es muy interesante".
Pensamiento alternativo. "Por qué van a pensar eso. En realidad, yo creo que lo es interesante lo que voy a explicarles".

Pensamiento negativo. "Estoy muy nervioso, no me voy a acordar de nada cuando empiece a hablar".

Pensamiento alternativo. "Este tipo de pensamiento no me ayuda, además he ensayado a conciencia el modo de arrancar mi intervención".

Pensamiento negativo. "Estoy bloqueado, no puedo hacer nada".

Pensamiento alternativo. "Si me tranquilizo y no lucho desesperadamente para salir de él, lo lograré".

No alimentes malos pensamientos, procura evitar dar de comer basura a tu mente, porque la terminarás intoxicando…

Mayor es el peligro cuando mayor es el temor.
Salustio

La reestructuración cognitiva y sus objetivos principales:

- Modificar el modo de interpretar las cosas.
- Modificar el tipo de pensamiento.
- Modificar las valoraciones subjetivas que hacemos acerca del entorno.

El poder de la acción

No hay mejor antídoto ante la parálisis que en tantas ocasiones nos provoca el miedo, que pasar a la acción. Huir de los miedos nunca los hará desaparecer, sino que al contrario, se agrandarán; y sus consecuencias, no lo dudes, también lo harán.

Afrontar el miedo, a pesar de la dificultad que pueda entrañar, es la única forma que nos permite gestionarlo convenientemente. La mayor parte de las técnicas terapéuticas dirigidas a superar miedo se basan precisamente en acercarse, de diferentes modos, a lo que despierta el temor. La exposición progresiva, con un cierto entrenamiento en habilidades de oratoria, es uno de los tratamientos que ha sido investigado con fóbicos sociales que presentaban un gran miedo a hablar en público.

Dar un paso hacia adelante alimentará tu autoconfianza y disminuirá notablemente tus miedos. Aunque ante el miedo a hablar en público solo desees salir corriendo, tienes que ponerte a prueba para comprobar que puedes hacerlo, que es más fácil de lo que pensabas y que te dará más satisfacción de lo que habías imaginado. Trabaja en la irracionalidad de tus pensamientos.

No nos da miedo hacer las cosas porque sean difíciles, sino que las cosas son difíciles porque nos da miedo hacerlas.
Séneca

Tu miedo a hablar en público, es ¿real o imaginario?

En los momentos en que te sientes presa del miedo, no te dejes llevar por la corriente desbocada de tu pensamiento, evita asomarte a la ventana del pánico, donde solo verás danzar a tus fantasmas exacerbados.

> *Céntrate en hacia dónde quieres ir, no en lo que temes.*
> Anthony Robbins

En lugar de intentar huir de ellos, escondiendo la cabeza como los avestruces, intenta descubrir el origen de ese miedo, cuál puede ser su finalidad y de qué manera contribuye a que no puedas disfrutar de la experiencia de hablar en público (y de tantas otras oportunidades en tu vida…). Para gestionar el miedo es clave indagar sobre qué historia hay detrás de él.

Conocer el origen y causa de tu miedo te permitirá preparar un plan de acción dirigido a minimizar su impacto. En ocasiones este miedo solo te está advirtiendo de ciertos recursos que necesitan para solventar la situación con garantías.

- ¿De qué naturaleza es este peligro?
- ¿Es presente o pasado?
- ¿Es real o imaginario?
- ¿Te faltan recursos?

Cuestiona tus pensamientos: ¿Hasta qué punto son ciertos?

- ¿Qué datos fiables tienes a favor de ese pensamiento?
- ¿Cuál es la probabilidad de que estés interpretando correctamente la situación?
- ¿Existen otras interpretaciones alternativas?
- ¿Hay otro modo de enfocar esto?

Muchas de las contestaciones estarán condicionadas por tus creencias. Es por tanto necesario desaprender aquellos pensamientos que te tienen prisionero de tus inseguridades.

Dejamos de temer aquello que se ha aprendido a entender.
Marie Curie

Cuando te sorprendas a ti mismo agobiado por el temor o la angustia, realiza una nueva evaluación del problema, rectifica tus juicios y probablemente comprobarás que estabas presuponiendo, imaginando o sobredimensionando la circunstancia que tanto te acongoja.

Haz una lista de las preocupaciones específicas que te genera hablar en público...

Qué es exactamente lo que temes que pueda suceder. Luego cuestiona las respuestas y verifica si hay evidencia objetiva que respalde tu preocupación, o la posibilidad de que sucedan los resultados que temes. Vaya por delante que, en general, la mayoría de las cosas que tememos que nos sucedan, nunca suceden....

Y por último, aunque no menos importante, descarta de tu vocabulario, elimina de tu diálogo interno, borra de tu memoria, ese recurrente "no puedo", únicamente porque alguna vez lo intentaste y no salió como deseabas… Vence la creencia que se ha instalado en tu memoria: "No puedo. Nunca podré".

Siempre estoy haciendo lo que no puedo hacer, para poder aprender cómo hacerlo.
Pablo Picasso

Nerviosismo positivo

Hablar en público es siempre una situación exigente, y sentir ciertos nervios es absolutamente normal. Siempre hay un punto de inquietud recomendable. Lo indicó uno de los grandes oradores de la historia, Cicerón, hace más de dos mil años: *Todo discurso de cierta importancia se caracteriza por un cierto grado de nerviosismo.* Algo de estrés o nervios puede ser positivo, porque nos mantiene en alerta; el problema surge cuando la ansiedad nos hace perder los papeles…

La mayoría de los grandes empresarios y portavoces, por mucha experiencia que tengan, se sienten tensos, con cierto grado de nerviosismo ante sus intervenciones en público. Lo mismo sucede con experimentados actores ante un estreno, o avezados periodistas frente a un nuevo programa. Su secreto no es otro que utilizar esa tensión a su favor; es lo que los psicólogos llaman nerviosismo positivo.

Debemos hacer una breve pausa, sin dar muestras de azoramiento, para pensar en la idea que viene a continuación. Si no se recuerda, debemos hacer algo de lo siguiente:

- Parafrasear la última idea, mientras pensamos cómo seguir.
- Realizar una síntesis del punto que hayamos expuesto anteriormente o resumir lo que hemos dicho hasta ese momento.
- Ampliar la última idea o algún punto anterior.
- Tirar de ejemplo, anécdota o hacer alguna pregunta al público.
- Si no damos con ella, omitimos lo que no recordamos —qué le vamos a hacer— y pasamos a desarrollar otra idea.
- Salir de un despiste con humor es un magnifico recurso.

Tips para combatir el miedo a hablar en público

Domina el tema del que hablas porque supone los cimientos de tu exposición en público, genera confianza y disminuye tu nivel de ansiedad.

Cuanto más sabes sobre el tema del que vas a hablar, menos probabilidades tendrás de cometer errores o perder el hilo. Y si te pierdes, lo recuperarás rápidamente. Muchas veces, el miedo a hablar en público que se experimenta es consecuencia de una falta de conocimiento del tema o de una preparación precipitada e insuficiente de la exposición.

Preparar tu intervención en público constituye un excelente ansiolítico natural. Tener todo bien articulado con los conceptos ordenados dejará tu mente más clara durante tu exposición en público.

Ensaya hasta la saciedad las primeras palabras de tu presentación y las últimas con las que vas a despedirte. Apréndelas de memoria.

Desplaza el foco... No pongas el foco en ti, en tus necesidades de brillar, ni en tu obsesión de que todo sea perfecto… Evita iluminar tus miedos a hacer el ridículo, a quedarte en blanco o a no cumplir con tus expectativas. Desplaza el foco en la dirección adecuada: alumbrando a tu audiencia, que es realmente la protagonista de tu intervención. Concéntrate en lo que puedes aportarles, en lo que tú tienes que a ellos podrían ayudarles, en cómo les vas a hacer sentir…. Cuando te olvidas de ti mismo y pones el foco en el otro, el miedo se desvanece.

Llega con tiempo suficiente. Así podrás explorar con calma el espacio, comprobar que todo lo que necesitas está preparado. En definitiva, *hacerte con el espacio* en el que vas a realizar tu exposición. Una sensación balsámica para arrancar tu exposición en público.

Mantente en buena forma física y mental. Haber dormido bien, sentirte descansado, comer y beber con moderación y no proceder con precipitaciones, son medidas eficaces para alejar el miedo y los nervios.

Por supuesto, nada de alcohol antes de hablar en público, pues entorpece el proceso de pensamiento. La cafeína y en general los estimulantes tampoco son aconsejables, ya que activan en exceso las reacciones corporales y favorecen el nerviosismo.

Relativiza las consecuencias. Este un punto de vital importancia, si verdaderamente quieres vencer el miedo que te provoca hablar en público. ¿Qué es lo peor que podría pasar? Piénsalo.

En demasiadas ocasiones magnificamos la importancia de las cosas, y de ahí emerge la presión a la que nos sometemos, la tiranía del perfeccionismo patológico, y en consecuencia, la parálisis que nos provoca el miedo.

Una cosa es tener responsabilidad, la que te llevará a preparar y ensayar minuciosamente tu exposición, y otra muy diferente creerte que de ella depende tu vida… Pase lo que pase…no será lo peor que te pueda pasar en la vida.

Es importante para nuestro bienestar emocional aprender a dar la importancia apropiada a las cosas que nos suceden en la vida. Cuando tengas por delante un reto, por ejemplo, realizar una exposici*ón en público con éxito, debes* valorar, sin apasionamientos, la importancia real que tiene el resultado de ese acto y el modo específico en el que afectará a tu vida. Y, por supuesto no te hagas trampas…

Aprender a relativizar los sucesos de nuestra vida, tanto los gozosos como los desgraciados, debería constituir uno de los objetivos primordiales del ser humano.

Nada es tan grave como parece cuando lo piensas.
Daniel Kahneman

Mantente relajado y sereno antes y durante tu intervención. Sube al escenario con tranquilidad o accede al espacio en el que vas a desarrollar tu exposición. Mira al público unos instantes mientras saludas o arrancas de cualquier otra manera tu intervención, ajusta el micrófono, organiza tus notas... y comienza a hablar.

Y ante un ataque de pánico en cualquier momento de la exposición, nada de hacerte pequeño o balbucear. Sigue estos sencillos gestos con la mayor naturalidad:

- Respira.
- Mira tus notas.
- Bebe un sorbo de agua.
- Sonríe de manera natural.
- Y retoma tu charla a un ritmo lento.

En caso de emergencia, sigue estos sencillos trucos y comprobarás que todo vuelve a fluir.

La serenidad es la capacidad de mantener centrada tu atención, en medio de la dificultad, en aquello que para ti es una prioridad.
Mario Alonso Puig

Mindfullness **o meditación**

Técnicas como el *mindfullness* o la meditación han demostrado ser muy efectivas para encontrar el sosiego que necesitas durante tu intervención en público. Practica en las horas previas a tu intervención. Lo deseable, naturalmente, es su práctica constante, porque es cuando se alcanzan los mayores beneficios.

Tensiones, ¡relax!

Realizar movimientos de extremidades, estiramientos, inclinaciones y giros de cabeza son gestos que te ayudaran a relajar tus tensiones musculares antes de tomar la palabra.

Ejercicio

Realiza cuatro suaves movimientos circulares con tus hombros, rotándolos de atrás hacia adelante y de adelante hacia atrás.

Agita ligeramente tus manos varias veces como si estuvieras sacudiendo agua

En ocasiones el estrés se acumula en la mandíbula. Relájala sencillamente abriéndola y cerrándola de manera suave.

Ya estás listo ¡A escena!

Una mente en calma trae fuerza interior y confianza en uno mismo.
Dalai Lama

Tres ases para ganar

- Respirar
- Practicar
- Visualizar

Respirar

"Siento que me quedo sin aliento al hablar en público", "me falta el aire ". ¿Te suena? La falta de aire es un claro indicador de que no estamos respirando correctamente ni con la frecuencia necesaria.

Tips **para que no te ahogues mientras hablas**

— Realizar unas cuantas respiraciones profundas antes de iniciar tu exposición en público

— Regula la velocidad. Cuando hables en público debes hacerlo a una velocidad moderada, normalmente más lento que cuando conversas con unos amigos.

— Realiza pausas. Las pausas te permiten, entre otras cosas, respirar.

— Mantén durante la intervención una respiración lenta, regular y diafragmática.

Ejercicio

Realiza este sencillo ejercicio antes de tu intervención en público:

1. Respira profundamente durante cinco segundos.

2. Retén la respiración durante cinco segundos más.

3. Exhala en otros cinco segundos. Puedes pensar mentalmente la palabra "calma", "relax" o "tranquilo" cada vez que se espiras o imaginar que la tensión desaparece con el aire espirado.

4. Repite tres veces.

Recuerda respirar. Después de todo, es el secreto de la vida.
Gregory Maguire

Practicar

La práctica es uno de los más eficaces antídotos ante el miedo escénico. Prepara adecuadamente tu exposición en público y evitaras inseguridades y pensamientos negativos que pueden arruinarla.

Ensayar te ayudará también a detectar posibles puntos débiles, partes que no funcionan en tu exposición y tendrás tiempo de eliminarlas o quizá cambiarlas de lugar.

Graba tus prácticas, por ejemplo, con tu propio *Smartphone*

Practicar, practicar, practicar, no lo olvides, constituye el verdadero mantra de la oratoria.

Método para practicar tu próxima exposición en público

1. **Practica de pie y moviéndote** alrededor de la habitación. Ensayar de pie te ayudará a ser consciente de tu postura y también de tus movimientos.

2. **¡Ensaya en alto!** No murmures. Proyecta la voz.

3. **Realiza una primera lectura en voz alta** con un bolígrafo en la mano.

    » Tacha y sustituye las palabras que no seas capaz de pronunciar de forma correcta.

    » Tacha y sustituye las frases o palabras que te resulten complicadas, esas en las que te hayas perdido.

    » Tacha y sustituye todas las expresiones con las que no terminas de sentirte cómodo.

4. **Realiza una segunda lectura.** Y si es necesario, vuelve a tachar, vuelve a rectificar.

5. **Cronometra el tiempo.** Con tu exposición perfeccionada, realiza una nueva lectura con voz pausada, a un ritmo normal y mide el tiempo de tu intervención.

6. **Graba tu exposición.** No hay **feedback más valioso que verte y oírte pronunciando tu propia exposición** en público. Analízala, corrige y pule. Busca gestos, errores de pronunciación y detecta las partes en las que debes enfatizar, realizar pausas o variar el tono de tu voz.

7. **Repetición secuencial.** A estas alturas ya dominaras más o menos tu guión. Seguro que te sientes más confiado y tranquilo en él. Es el momento de poner la guinda, de llevar a la excelencia el trabajo que has realizado en los anteriores pasos.

   » Ensaya en voz alta el inicio de tu exposición.

   » Una vez que te sientas cómodo, vuelve a ensayar el inicio de tu exposición + el desarrollo de tu exposición.

   » Cuando te sientas cómodo tanto con el inicio como con el desarrollo, ensaya el inicio + el desarrollo + el desenlace de tu exposición.

8. **Practica frente al espejo** Asé serás consciente de tu actitud, gestos y movimientos y podrás corregir, si es necesario, mientras vas observándote.

9. **Ensaya con público.** Una sola vez será suficiente. Pide a una o varias personas de confianza, en cuyo criterio puedas confiar, que te escuchen. Esmérate, haz una buena puesta en escena y... ¡adelante!

Sigue estos pasos y descubre como la practica te ayudará a ser mejor orador

Somos lo que hacemos de forma repetida; luego la excelencia no es un acto, sino un hábito.
Aristóteles

Visualizar

La mente no distingue entre realidad y ficción, y se deja engañar fácilmente: un poderoso motivo para enfocar nuestra mente en aquello que deseamos.

Visualizarte en tu exposición en público, hablando con soltura, conectando con el p*úblico y disfrutando de una grata* experiencia, te ayudará a lograr esa meta. ¿Por qué? Porque la visualización ayuda a enfocar tu mente subconsciente en lo que es importante para ti; es decir, te ayuda a poner el foco en el resultado que deseas. De esta función se encarga tu sistema de activación reticular, una suerte de filtro de millones de *bits* de información que se encuentran *flotando* en nuestro cerebro (subconsciente). Cuando un mensaje pasa por el filtro, accede al cerebro, donde se convierte en pensamientos conscientes, y en consecuencia, en emociones.

Normalmente, cuando una persona se enfoca en las cosas positivas atrae cosas positivas, y cuando pone el foco en las cosas negativas, atrae cosas negativas. Solo tú determinas qué es y qué no es importante para tu poderoso sistema de activación reticular. Tú manejas los hilos....

Ejercicio

Es preciso que te encuentres en un estado de relajación, porque es en ese estado cuando las sensaciones que experimentes serán mejor asimiladas por el cerebro.

1. Encuentra un espacio tranquilo y colócate en una posición cómoda y relajada. Siéntate o échate y cierra los ojos.

2. Ahora realiza una serie de respiraciones profundas para llevar todo tu cuerpo a un estado de agradable relajación. Inspira aire profundamente y mantenlo durante cinco segundos. Exhala lentamente contando mentalmente hasta cinco. Repite esta secuencia cinco veces.

3. Te sientes tranquilo, como resultado del estado de relajación. Es el momento de empezar a visualizar.

4. Ahora imagínate realizando tu próxima exposición en público o cualquier otra que crees en tu imaginación. Te observas sonriente, confiado y complacido de estar allí para hablar sobre ese tema que tanto te apasiona, dominas y has practicado.. Estas tan tranquilo, tan confiado, tan seguro de ti… Déjate envolver en esta balsámica sensación durante unos minutos. ¡ Date el gusto!

5. Es el momento de visualiza con detalle el escenario o el lugar donde va a tener lugar tu exposición. Puede tener atril, escalones o pantallas, puede ser amplio o

estrecho, tener luz natural o artificial, etc. Observa y siente la escena con todos sus elementos: colores, luz, sonidos, temperatura... Siente de la forma más vívida posible que realmente te encuentras en la circunstancia que deseas estar.

6. Visualiza a un público numeroso que aplaude cuando te presentas, esperando que inicies tu intervención, interesados en escuchar lo que vas a contarles. Estás entusiasmado ¡Tienes ganas de empezar! ¡Te apetece realmente!

7. Ahora, repasa mentalmente los diferentes tramos de tu exposición, imagínate en cada uno de ellos, hablando, caminando, parándote, moviendo las manos… Céntrate en las reacciones del público, observa cómo te siguen con la mirada por el interés que tienen en lo que les estás contando, como notas que están cómodos, con ganas de seguir escuchándote, advierte que te aplauden ante ese golpe ingenioso que acabas de tener.

8. Has llegado al final de tu exposición y observas en los rostros de tu audiencia que se han quedado con ganas de más, que seguirían escuchándote. Visualízate despidiéndote con la agradable sensación de haber cumplido con tu objetivo: informar, entretener o inspirar a quienes te han escuchado.

9. Saborea tu despedida, recréate en ella. Céntrate en las emociones que experimentas al culminar con éxito tu exposición, déjate envolver por esa sensación de

orgullo y plenitud. Concéntrate en esas balsámicas sensaciones, vívelas como si estuviera sucediendo en este preciso momento y mantenlas durante unos minutos.

10. Abre los ojos muy lentamente, realiza una profunda respiración diafragmática e interioriza la visualización tanto en tu mente como en tu corazón.

La visualización es soñar despierto con un propósito.
Bo Bennett

Si a pesar de poner en práctica distintas estrategias dirigidas a perder tu miedo escénico, no puedes superarlo, considera buscar ayuda profesional.

Capítulo 5

Érase una vez... el poder de contar historias

*Cuéntame un hecho y lo aprenderé. Cuéntame una verdad y la creeré.
Pero cuéntame una historia y vivirá por siempre en mi corazón.*
Proverbio hindú

Storytelling: historias que conectan

Hace cientos de miles de años, cuando el *homo sapiens* aprendió a hablar, comenzó a reunirse alrededor de hogueras para contar historias. Así arrancó, probablemente, la pasión del hombre por escuchar y contar historias.

El ser humano ha contado historias en todas las culturas y en todos los continentes. Narraciones que se han ido transmitiendo oralmente de generación en generación, con la finalidad de entretener, educar, difundir la cultura o inculcar valores.

Los que cuentan historias gobiernan la sociedad.
Platón

Con la narración de una buena historia lograrás establecer una poderosa conexión emocional con tu audiencia. Las historias tienen un cierto componente mágico:

- Nos atrapan.
- Nos remueven.
- Nos emocionan.
- Nos conmueven.
- Nos permiten vivir experiencias.

Somos adictos a las historias. Resultan irresistibles, entre otras razones, porque activan nuestra imaginación. Quizá por ello nos sentimos atraídos por los cuentos en nuestra infancia. Cuando escuchamos una historia, nuestro cerebro lo experimenta como si realmente estuviésemos viviéndola. Es decir, nos hacen sentir experiencias. Y lo que sentimos se recuerda más y durante más tiempo.

Paul Auster

El *storytelling* es una técnica de comunicación, utilizada con frecuencia por empresas e instituciones que han descubierto cómo las buenas historias, aquellas que apelan a nuestras emociones, constituyen una poderosa herramienta de comunicación para posicionar sus productos o servicios.

Uno de los ejemplos de empresas que practican el *storytelling* desde mucho antes de conociéramos su existencia es la célebre marca de turrones *El Almendro*. ¿Quién en algún momento de su vida no se ha sentido identificado con ese joven que vuelve a casa por Navidad o con esos padres que esperan emocionados su regreso...?

¿Qué distingue a Starbucks del resto de cafeterías? ¿Es de verdad el café? Lo dudo. Lo que diferencia a Starbucks de las demás cafeterías es la historia que cuenta la compañía.
Kevin Spacey

Narrar, relatar, contar historias o *storytelling* —le demos uno u otro nombre— sigue persiguiendo el mismo objetivo: lograr seducir a mentes y corazones buscando la ansiada conexión con los otros. Conecta, seduce y triunfa gracias al poder oculto de las historias que enganchan. Toda buena historia debe incluir:

* Acción.
* Emoción.
* Sorpresa.

El poder de las historias

Las historias generan experiencias en los corazones de quienes las escuchan. Probablemente por ello el 90 % de las celebérrimas charlas TEDs se nutren de historias. Los oradores que las defienden saben que los asistentes a una conferencia recordaran más fácilmente la historia que escuchó antes que el nombre del conferenciante y el tema sobre el que habló.

Las historias son informaciones con alma, llegan directamente al corazón y conectan a personas con personas.
Brené Brown

Steve Denning, reconocido gurú del *storytelling*, clasifica la utilidad de las historias según diferentes categorías.

— Las que permiten compartir conocimientos.

— Las que pretenden llamar la atención.

— Las fundadas en el humor y la sátira.

— Las que comunican lo que somos.

— Las que trasmiten valores.

— Las que subsanan los errores.

Storytelling. El arte de contar bien una historia

La habilidad de conectar tu historia con el corazón de quien te escucha es lo que hará que tu relato sea creíble y memorable. Pero debes evaluarlas antes de integrarlas en tu exposición, teniendo en cuenta:

- Tu **propósito**, es decir, cuál es el objetivo que persigues con la narración de tu historia.
- El tipo de **público.** Una historia eficaz es aquella está construida de manera que pueda ser comprendida e interiorizada por tu audiencia.
- Los **valores** que desees transmitir.

Tres formas de utilizar **historias** en tu intervención:

- Como introducción.
- Como ejemplo, explicación o ilustración.
- Como conclusión.

Lo que queremos es una historia que comience como un terremoto y que culmine poco a poco...
Samuel Goldwyn

Existen una serie de pautas que se consideran universales y que fueron establecidas en tiempos remotos.

Apuesta por la sencillez, busca la clave en las pequeñas cosas del día a día y utiliza un lenguaje sencillo.

> *Cualquier necio puede escribir en lenguaje erudito.*
> *La verdadera prueba es el lenguaje corriente.*
> C.S. Lewis

Apela al corazón. Busca la emoción, haz que tu audiencia recuerde sensaciones y sentimientos: lo conseguirás si tus oyentes viven tu historia como si fueran parte de ella. ¡Hazles partícipes!

> *Solo se recuerda lo que se siente.*
> David Brierly

Incluye tu marca personal o empresarial. Crea una conexión entre el relato que cuentas y tus valores de marca.

Ejemplo:

Una empresa podría elaborar su historia contando cómo superó los imprevistos o adversidades que surgieron en su origen, relatando las peripecias de su primer proyecto o durante una crisis.

Conoce a tu audiencia. La manera de que conectes emocionalmentecon tu audiencia, dependerá también del tipo de público que asista a tu exposición. No lograrás de la misma manera conectar con personas mayores o con niños pequeños, por poner el más sencillo de los ejemplos.

Cuenta historias propias. Ligar tu intervención en público con alguna historia personal o experiencia de vida es una eficaz herramienta para lograr que el público se identifique contigo. Con frecuencia las historias en las que mostramos nuestro lado más humano son las de mayor impacto en el público.

> *Los relatos personales celebran lo que es único en cada uno de nosotros, y simultáneamente tienden puentes hacia lo que es común en todos nosotros.*
> Dennis Frederick

Estructura clásica: planteamiento, nudo y desenlace

A pesar de tener más de dos mil años, los estudios de Aristóteles sobre retórica siguen vigentes. En su *Ars Poetica*, el filósofo de Macedonia, estableció que los relatos debían estar divididos en tres actos: el principio, el medio y el fin.

Esta estructura es exactamente lo que en la actualidad denominamos como planteamiento, nudo (o desarrollo) y desenlace. Un modelo utilizado desde hace siglos en libros, películas, discursos… Con esta comprobada estructura, tu exposición en público captará con mayor facilidad la atención de tu audiencia, y será más fácil lograr el objetivo fundamental de toda narración: que no se desconecten de tu relato.

- Una introducción donde exponer los personajes y la situación.
- Un desarrollo donde ofrecer la información que hará creíble la historia, aunque esta sea inventada.
- Un héroe: un personaje que se convierte en el portavoz de tu historia.
- Un final como punto culminante del relato, ya sea feliz o desgraciado.
- Una moraleja que reforzará la idea que quieres transmitir.

La palabra sabia es aquella que, dicha a un niño, se entiende siempre aunque no se explique.

Miguel de Unamuno

¿Dónde encontrar historias?

No hay una sola fuente. Puedes encontrar historias que contar en una película, un libro, un programa de televisión, un artículo, un *post*, un vídeo de *YouTube*, el relato de personas allegadas a ti en el plano personal y profesional, trabajadores de tu empresa o compañeros de trabajo… Pueden provenir de clientes, de amigos o de familiares y también surgir de relatos tradicionales, de mitos, de la propia historia y, por supuesto, de tu propia experiencia. Estas son solo algunas fuentes; las posibilidades son variadas y numerosas.

Estamos rodeados de historias. Si observas a tu alrededor y adoptas el hábito de apuntar anécdotas, sucesos y experiencias con las que te encuentras en tu día a día, dispondrás de originales ideas que podrás aplicar en tus exposiciones en público.

Utiliza tus recursos no verbales

El cuerpo tiene su propio lenguaje, utilízalo. ¡Fuera complejos! Déjate llevar por la narración, vívela, interprétala. Varía el ritmo, la velocidad, el tono y el volumen de tu voz. Huye de la monotonía. Tu voz debe ser flexible, usa tonos altos, medios y susurros si fueran necesarios. Como habrás tenido la ocasión de comprobar como oyente, un relato acompañado de una interpretación con variedad de tonos resulta infalible.

Entrenamiento en *storytelling*

Ejercicio 1

Un par de ideas para practicar una buena narración.

¿Cuál es la historia detrás de este objeto?

1. Escoge un objeto que sea importante para tí, un proyecto que *tienes entre manos*, un producto que intentas vender y escribe la historia que hay detrás de él en tan solo uno o dos minutos.

2. Léelo en voz alta, atendiendo solo al texto.

3. Realiza la siguiente lectura, interpretando el texto.

Ejercicio 2

Una historia encadenada (ejercicio en grupo).
Propón a un grupo de amigos o familiares este juego.

1. Colocaos en círculo.

2. La primera persona contará una historia durante un minuto, después repetirá la misma acción la persona de la derecha, continuando la historia según sus criterios e inventiva. Y así sucesivamente, hasta completar el círculo.

El objetivo es que, después de la intervención de todos los participantes, la historia tenga sentido.

Capítulo 6

No es lo que dices, es como lo dices

Lo que determina el éxito o el fracaso de tu exposición en público no es lo que dices, sino cómo lo dices.

Lenguaje paraverbal: la dimensión emocional del lenguaje

Un buen orador no solo hace uso de un buen argumento, sino principalmente de un modo de hablar envolvente, con el que logra seducir a su audiencia.

El buen comunicador tiene algo de actor que interpreta un determinado papel. Eso sí, sin perder la naturalidad, sin atisbo de teatralidad.

En el noble arte de hablar en público no es tan importante el "qué" sino el "cómo" se dice, y de este aspecto fundamental de la comunicación se encarga el paralenguaje, un conjunto de elementos no verbales de la voz que enriquecen la locución, trasladando al receptor la dimensión emocional de la comunicación: es la manera en la que decimos las cosas, el énfasis que ponemos en las palabras, la velocidad con la que hablamos, las pausas que realizamos, etc.

Algunas funciones del lenguaje paraverbal

- Manifestar sentimientos o emociones.
- Marcar silencios durante la exposición.
- Ayudar al receptor a procesar mejor la información.
- Realizar exclamaciones y preguntas sólo con el tono de voz.
- Llamar la atención sobre una frase o palabra.

El que habla de modo que lo entiendan siempre, habla bien.
Molière

El paralenguaje está formado por:

1. Entonación o tono
2. Volumen
3. Ritmo o fluidez
4. Proyección
5. Dicción y vocalización
6. Pausas y silencios

Ejercicios de respiración

Respirar de manera lenta y profunda es clave para tener una voz agradable e intensa. Sin embargo, la mayoría de las personas, cuando hablan, especialmente si se sienten temerosos o tensos, respiran rápido y superficialmente.

Durante tu exposición en púbico es vital que ejerzas un buen control de la respiración, aunque solo sea para no dar impresión de ahogo, de quedarte sin aire.

Trata de respirar al final de cada oración; así tendrás suficiente aire para decir la siguiente oración sin detenerte para respirar.

Ejercicio

Practica la respiración diafragmática.
Para saber si estás realizando este ejercicio adecuadamente, coloca tu mano sobre el abdomen, justo debajo de tu última costilla. Al respirar, debes sentir cómo se expande tu abdomen.

1. Siéntate erguido, con el mentón levantado y los hombros echados hacia atrás.

2. Inhala durante cinco segundos de manera profunda, siente como tu abdomen se llena de aire.

3. Exhala durante otros cinco, siente cómo se vacía.

4. Repite esta serie cinco veces.

Lectura en voz alta. Constituye el principal y más popular ejercicio para practicar la oratoria. Leer correctamente significa interpretar adecuadamente un texto para transmitirlo con la mayor claridad. Para lograr este objetivo es preciso:

— Entender el contenido de lectura.

— Atender a los signos de puntuación.

— Realizar cambios de ritmo, tono y volumen.

— Vocalizar, pronunciar correctamente cada palabra.

Parece complicado, pero solo es cuestión de práctica. En ocasiones, de mucha práctica…

Asigna alrededor de quince minutos diarios para una lectura en voz alta. Puede ayudarte a mejorar —y mucho— tu oratoria. Solo quince minutos diarios; eso sí, concentrado exclusivamente en esta práctica. Los resultados valdrán el pequeño esfuerzo, no lo dudes.

1. Entona adecuadamente las palabras, marcando las sílabas tónicas.

2. Lee correctamente frases y párrafos con su correspondiente entonación enunciativa, interrogativa, imperativa, dubitativa, irónica, etc.

3. Proyecta la voz hacia el auditorio, no hacia el suelo...

4. Mantén el contacto visual con el público.

5. Atiende a los signos de puntuación.

Atención a los signos de puntuación.

Presta especial atención a los signos de puntuación porque pueden tergiversar el contenido, hacerlo ambiguo o dificultar su comprensión.

"**El punto (.).** Una pausa larga en la lectura".

"**La coma (,).** Una pausa breve en el interior de la oración".

"**El punto y coma (;).** Una pausa inferior a la del punto, pero superior a la de la coma".

"**Los dos puntos (:).** Pausa intermedia entre la de la coma y la del punto. Preceden a las enumeraciones y citas textuales".

"**Los signos de exclamación (¡ !).** Requieren de una elevación enfática del tono de la voz".

"**Los signos de interrogación (¿ ?).** Se indica con una entonación con final ascendente".

"**Las comillas (""," y « »)** refieren citas y términos usados con un sentido especial, que en ocasiones requieren de un cambio de tono o con pausas".

"**La raya o guión largo (—)** encierra incisos o aclaraciones, y requiere un cambio ligero de tono o ritmo".

"**Los paréntesis ( ) y los corchetes [ ]** aíslan palabras que se leen en un tono algo más bajo".

Ejercicio de lectura

Presta especial atención a los signos de puntuación de las siguientes frases, recuerda que repercuten en el texto y en su interpretación:

"En el campo se estaba muy a gusto, tanto que los invitados no se querían marchar. De pronto se desencadenó la tormenta, eso lo cambió todo.

"Olga se levantó, Arturo hizo lo mismo y Juan le siguió poco después. Había llegado la hora de regresar a casa".

—"Podría ser... aunque, bien pensado... ¿y si nos marchamos de aquí? Raúl está molesto, seguro que lo agradece".

—"¡Cómo que no! ¡Yo quiero ir al cine! ¿Podemos? Me gustaría mucho ir al estreno".

—"Le apasionan todos los géneros: ficción, no ficción, novela, ensayos…. Es un gran lector."

—"Pero hija, ¿no te das cuenta de la hora que es?— le replicó la madre".

—"¡Chuta fuerte! —gritó el entrenador—. Es la única forma de marcar gol".

"Lista de deberes: leer un cuento, practicar dicción y respiración y terminar el guion".

"Tenía perros, gatos, palomas, tortugas y conejos. Todos vivían con él".

—"¡El día está muy feo! ¿Crees que cambiará?"

"Porque, eso sí, el monigote, alentado por la servidumbre de sus mayores, era un terrible anarquista, un demoledor de lo existente, que reía como un bandido cuando lograba ofender con el más atroz de los insultos a la justicia humana" [2]

—"¿Estás tú alguna vez de noche en la iglesia? —le preguntó—. Pocas veces, cuando hay alguna función al día siguiente y necesitamos arreglarla[3]".

Leer con un lápiz entre los dientes.

Parece que Demóstenes, el célebre pensador griego, colocaba piedras en su boca para mejorar su tartamudeo. En la misma línea, mucho menos agresivo, te propongo un ejercicio muy utilizado para mejorar la dicción: colocar entre nuestros dientes un lápiz e intentar pronunciar con esta dificultad.

Puedes utilizarlo para practicar un texto completo, parte de él o cuando una palabra o frase te resulte especialmente complicada de pronunciar.

---

2   La caperuza, Vicente Blasco Ibañez.
3   El monaguillo, Julia de Asensi

Ejercicio

1. Coloca un lápiz en la boca y sujétalo con los dientes.

2. Pronuncia muy lentamente un párrafo del texto o una palabra o frase que te resulte especialmente complicada.

3. Repite tres veces.

4. Libérate del lápiz y vuelve a leer la frase o palabra de la discordia. Comprobarás que resulta mucho más fácil de pronunciar.

Este es un ejercicio típico de locución, muy utilizado por sus comprobadas virtudes para mejorar la dicción.

Elementos de la comunicación paraverbal

Proyección de la voz

Una voz proyectada atrae y aumenta la atención de quien nos escucha.. La proyección de la voz es la fuerza con la que habla una persona, de forma que su voz resulta alta y clara; es la capacidad del sonido de expandirse muchos metros sin que la palabra pierda claridad.

La voz debe salir hacia fuera, no quedarse en la "garganta". La proyección no es sinónimo de volumen, sino de lanzamiento de la voz y adaptación al medio. En general se cree que la mejor manera de proyectar la voz es gritar, pero nada más alejado de la verdad. Además, proyectar la voz desde la garganta provoca irritación, picor y afonía, y en algunos casos podrían aparecer nódulos.

Aspectos claves para proyectar la voz:
- Mantener una buena postura corporal.
- Respirar correctamente.
- Articular adecuadamente las palabras.
- Evitar la rigidez y la tensión en el cuello o en cualquier otra parte del cuerpo.

Ejercicio

Habla, proyectando tu voz, en espacios abiertos como el campo o la playa, intentando que tu voz no se pierda en la inmensidad… Este sencillo ejercicio te permitirá proyectar la voz hacia un punto lejano de manera natural.

Ejercicio

Este ejercicio te permite controlar la emisión de aire, acercándote a una vela encendida. El objetivo es mantener la llama encendida.

1. Sitúate a máximo cinco centímetros de la llama y pronuncia la vocal /u/.

2. Expulsa el aire lentamente.

3. Acércate a la llama un poco más y sostén la pronunciación de la vocal sin apagar la vela.

4. ¡Ojo, no te quemes… !

¡Mejora la proyección de tu voz! Una voz proyectada atrae y aumenta la atención.

La dicción y la vocalización

La dicción consiste en articular y pronunciar de manera correcta y clara los distintos fonemas. Las palabras deben ser pronunciadas de forma correcta pero también clara, un objetivo vinculado al movimiento de la lengua.

Una mala dicción se debe a una mala pronunciación de las palabras, tanto de consonantes como de vocales, incorrecciones que pueden además alterar el mensaje, prestándose a la ambigüedad en su interpretación.

Vocalización, omisión de letras y otros problemas de dicción.

- Unir incorrectamente términos o expresiones.
- Arrastrar consonantes.
- Modificar palabras por omisión de un sonido o fonema.
- Sonidos monótonos con ausencia o deformación de algún fonema.

Para hablar claramente en público,
se debe pulir cada palabra antes de expresarla.
Oliver Wendell Holmes

Ejercicio

Lectura en voz alta. Puedes practicar con cualquier texto
que tengas a mano, pero para facilitarte la labor he selec-
cionado algunos textos que encontrarás en cada ejercicio. Para empezar te propongo practicar con un cuento
fantástico: Las tres rejas. Todo un reto para que vayas
practicando la interpretación.

Practica siguiendo los siguientes pasos:

Primera lectura. Empieza a leer muy lentamente.
Exagera la vocalización, forzando los músculos faciales.

Segunda lectura. Aumenta la velocidad.
Gesticula sin exageración.

Tercera lectura. Adecúa la velocidad.
Normaliza la gesticulación.

Las tres rejas

Un joven discípulo de un filósofo sabio llega a casa de este y le dice:

*—Escucha, maestro. Un amigo tuyo estuvo hablando de ti con
malevolencia…*

*—¡Espera! –lo interrumpe el filósofo— ¿Ya hiciste pasar por las
tres rejas lo que vas a contarme?*

—¿Las tres rejas?

*—Sí. La primera es la verdad. ¿Estás seguro de que lo que
quieres decirme es absolutamente cierto?*

—*No. Lo oí comentar a unos vecinos.*

—*Al menos lo habrás hecho pasar por la segunda reja, que es la bondad. Eso que deseas decirme, ¿es bueno para alguien?*

—*No, en realidad, no. Al contrario…*

—*¡Ah, vaya! La última reja es la necesidad. ¿Es necesario hacerme saber eso que tanto te inquieta?*

—*A decir verdad, no.*

—*Entonces —dijo el sabio sonriendo— si no es verdadero, ni bueno, ni necesario, sepultémoslo en el olvido.*

Ejercicio

Practica un par de lecturas del siguiente texto, con un lápiz entre los dientes. Después retíralo y vuelve a leer el texto. Comprobarás que te resulta mucho más fácil su pronunciación.

"En los años veinte se afincaron en la Rive Gauche del Sena, escritoras, editoras, libreras, fotógrafas y periodistas, que abrieron nuevos caminos en las inquietudes intelectuales y estéticas de su época. Huyendo de la alienante y castradora rigidez postvictoriana inglesa y estadounidense, un grupo de mujeres convirtieron París en esa necesaria "habitación propia" que Virginia Woolf vindicaba[4]"

Ejercicio

Leer trabalenguas es un divertido ejercicio para practicar tu pronunciación.

---

4   Carmen Alborch "Solas" Temas de Hoy (2001)

Lee los siguientes trabalenguas. Hazlo tres veces con un lápiz debajo de la lengua y las otras tres sin él.

1. Empieza con una lectura pausada, exagerando el movimiento de tu boca, labios y lengua.

2. Incrementa la velocidad, pero pronunciando todas y cada una de las letras que componen las palabras.

La ciudad de Constantinopla está desconstantinopolizada. ¿Quién la desconstantinopolizará? El desconstantinopolizador que la desconstantinopolizare, buen desconstantinopolizador será.

Ese Lolo es un lelo, le dijo la Lola a Don Lalo, pero Don Lalo le dijo a la Lola: "No, Lola; ese Lolo no es lelo, es un lila". "¿Es un lila, Don Lalo, ese Lolo, en vez de ser lelo?". "Sí, Lola, es un lila y no un lelo ese Lolo", le dijo Don Lalo a la Lola.

El perro de San Roque no tiene rabo porque Ramón Ramírez se lo ha cortado.

Y al perro de Ramón Ramírez, ¿quién el rabo le ha cortado?

¡Trabaja, trabaja y trabaja para conseguir una mayor claridad de la palabra!

Tono o entonación

El tono de voz que cada persona posee constituye su identidad vocal, una suerte de DNI sonoro. Es la cantidad de movimiento que se produce en las cuerdas vocales, es decir, el número de vibraciones que tiene lugar en ellas cuando hablamos. Se encuentra ligado a la agudeza o gravedad de la voz, que a su vez va unido al volumen alto o bajo que empleamos.

La entonación es la música de nuestro discurso, debemos evitar tonos monótonos y poco variados. El control del tono es fundamental para transmitir seguridad, rotundidad a nuestras palabras o comunicar sentimientos y emociones.

Entonando tu voz darás sentido e intención a lo que estás diciendo. Resulta fácil entenderlo si pensamos en los muy diferentes significados que pueden tener un término o frase en virtud de la entonación con la que las pronunciemos.

Aspectos fundamentales del tono de voz.

Adaptarse al público. No utilizaremos el mismo tono si damos una charla con alumnos en un instituto que en una conferencia con directivos o científicos, por poner un ejemplo.

Controlar las emociones. No permitas que tu tono denote enfado, impaciencia, nerviosismo o inseguridad. Las emociones se reflejan en la voz.

Variar el tono. A lo largo de la exposición en público es necesario utilizar diferentes tonos de voz.

Ejercicio

Lee en voz alta el siguiente párrafo de tres modos:

- En tono bajo.
- En tono medio.
- En tono alto.

La importancia de las relaciones en nuestra vida es incontestable. El amor prodiga tanta felicidad como amargura, puede ser sublime o patético, elevarnos al cielo o arrojarnos al infierno… pero resulta casi imposible vivir sin él.

Ejercicio

Emite desde tu tono más agudo al más grave el sonido de la vocal /a/.

Escucharas diferentes matices de tu voz a las que no estas acostumbrado, y de esta forma encontraras el tono y timbre que más embellezca tu mensaje.

Ejercicio

Practica ahora el siguiente texto con distintos tonos de voz:

1. La primera vez, léelo como un susurro.

2. La segunda, léelo en un tono medio.

3. La tercera, léelo en un tono más alto.

4. Descansa unos minutos y realiza el mismo ejercicio, con sus tres pasos, a la inversa.

Un tren de mercancías descarriló el 28 de julio cerca del núcleo de Sobradelo, y dentro de las tareas para reabrir la vía, el pasado domingo una máquina empujó dos vagones, de forma que uno llegó al río y el otro quedó volcado en el terraplén.

Ante estos hechos, la Xunta de Galicia ha iniciado un expediente sancionador contra el Administrador de Infraestructuras Ferroviarias, en el que propone una multa de 35 000 euros por una "falta grave" por lo sucedido. La Confederación Miño-Sil avanzó también que estudia una sanción económica.[5]

Ejercicio

Lee el siguiente texto, con diferente intención:

1. Como si fuese un texto divertido.

2. Como si estuvieses enojado.

3. Como si hubiese mucho ruido a tu alrededor y tuvieses que elevar el volumen.

4. Como si tu audiencia fueran niños pequeños.

Faltaba apenas un suspiro para que llegara la primavera con sus colores rojos, amarillos y lilas y sus tenues aromas a rosas, jazmines y madreselvas. Una llamada a rebato en los caminos, momento de abrir puertas, cancelas y ventanas. De caminar por parques y campos, para sentir esa naturaleza sin la que, en palabras de Delibes, "no somos nada".

Volumen

Voz alta, baja o intermedia. El volumen o intensidad de la voz equivale a la fuerza en que se emite el sonido y depende de la cantidad de aire que utilices para controlar

---

5   El Mundo, "La Fiscalía de Orense investigará si hay delito en el caso de los vagones de tren arrojados al río Sil", agosto de 2020.

el nivel de sonido de tu voz. Del susurro al grito hay un sinfín de intensidades que denotan multitud de emociones o sentimientos; constituye un elemento básico para transmitir sorpresa, suspense, subrayar aspectos importantes del discurso, etc…

En tus exposiciones en público debes administrar el volumen de tu voz para que todos puedan escucharte. Lógicamente, deberás adecuarlo al tamaño del lugar donde vayas a realizar tu exposición en público, y al número de personas que asistan. En cualquier caso, la regla general indica hablar en público con un volumen intermedio, algo más alto que el de una conversación normal.

Cuándo subir y bajar el volumen de voz:
— **Subir:** cuando transmitas una idea o un mensaje de especial interés, lleno de emoción o pasión.

— **Bajar:** es un recurso extraordinario para llamar la atención. Ante el repentino descenso de voz, el público prestará instintivamente su atención al contenido del mensaje.

Ejercicio

Prueba a leer las palabras en mayúscula con un volumen un poco más alto que las minúsculas:

¿Y QUÉ QUEDA DE AQUELLOS DIAS EN LOS QUE FUIMOS FELICES? Nada, ya no queda nada, absolutamente nada….

Ritmo o fluidez

El ritmo es la sucesión de palabras y pausas que forman una sucesión periódica similar al ritmo musical. Es importante aprender a controlar el ritmo del habla porque ayuda al oyente a mejorar la comprensión del mensaje y aumenta su interés.

El ritmo se compone de:

- Frases breves, en las que las palabras se emiten a mayor velocidad.
- Y entre estas palabras, unas pausas claras y amplias.

El ritmo puede ser monótono o variado, lento o rápido, fluido o entrecortado. Lo deseable siempre será un ritmo variado.

- Un ritmo muy apresurado revela excitación.
- Un ritmo muy lento transmite pasividad.
- Un ritmo con intermitencias transmite nerviosismo.

Cada momento de una exposición en público, lógicamente requiere su particular velocidad, en ocasiones es preciso aumentarla o disminuirla.

La fluidez del habla es el número de palabras (o fonemas) que se emite por minuto. La velocidad normal es de 150 palabras por minuto (unos 600 fonemas).

Un ejemplo para comprender los efectos de la velocidad del habla es el de un coche preparado para una velocidad crucero: 80- 100 Km /h.:

— Ir por debajo de 100 ó 120 palabras por minuto es como conducir un coche a una velocidad de 40 ó 50 Km /h (sufrirá tanto o incluso más que si fuese a 160 Km /h) Sucede de la misma manera con la velocidad de las palabras. Sin olvidar que aburre al público...

— Por el contrario, hablar a 200 palabras por minuto es algo así como conducir a una velocidad de 250 Km /h. Requiere de enorme concentración, es difícil y peligroso cualquier error puede ser mortal... De igual manera sucede con una velocidad muy alta del habla. Sin olvidar que al público le resultará difícil seguir el discurso.

Si quieres aportar dinamismo a tu comunicación es preciso que realices ejercicios para hablar a diferentes velocidades.

Ejercicio

Pronuncia la serie de números del uno al diez de manera rápida durante un minuto. Trabajaras la coordinación de la musculatura del tracto vocal con palabras cortas.

Realiza el ejercicio dos o tres veces.

Ejercicio

Cambia el ritmo cuando quieras destacar una palabra, ralentizándola, como si cada sílaba estuviera separada por un guión.

Ejemplo:

Estamos ante un ser humano im-pre-sio-nan-te.

Ejercicio

Pronuncia varias veces el siguiente párrafo, incrementando la velocidad en cada una de ellas, pero sin perder claridad en tu pronunciación.

Vuelve a repetir el ejercicio, esta vez con un bolígrafo en la boca.

Termina con una nueva lectura liberado del bolígrafo.

Pasmados ante lo inesperado de un virus coronado que nos recuerda la vulnerabilidad del ser humano, nuestra vida, súbitamente, ha dejado de ser lo que era. Tal vez solo por unos meses, tal vez solo durante un par de años... Tal vez, es lo más probable, para siempre...

Ejercicio

Es recomendable que te entrenes en una velocidad rápida (220- 250 palabras por minuto) pues en algún momento de tu exposición, es un recurso que puedes utilizar para atraer la atención del público. Pero recuerda que lo importante es practicar sin perder inteligibilidad de cada una de las palabras

Ejercicio

Practica con la lectura de cualquier texto a gran velocidad, sin perder claridad y respetando cada signo ortográfico .Tema libre

Ejercicio

Te propongo practicar con esta "Baladilla de los tres ríos" de Federico García Lorca, siguiendo estos pasos:

1. Interpreta el texto, no te limites a leer.

2. Utiliza las pausas y el silencio.

3. Varía la entonación.

El río Guadalquivir
Va entre naranjos y olivos.
Los dos ríos de Granada
Bajan de la nieve al trigo.

¡Ay, amor
Que se fue y no vino!
El rio Guadalquivir
Tiene las barbas granates.
Los dos ríos de Granada,
Uno llanto y otro sangre.
¡Ay, amor
Que se fue y no vino!

Pausas, la elocuencia del silencio

A la mayoría de las personas, cuando hablan en público, el silencio y las pausas les resultan incómodas, difíciles de manejar. Sin embargo, un orador transmite seguridad, aplomo y confianza, precisamente cuando sabe introducir las pausas en momentos claves de su exposición.

Los grandes oradores conocen bien el poder del silencio y saben que la ausencia de sonido no significa el cese de la comunicación. Por ello, en sus exposiciones las utilizan para generar expectación, captar la atención, enfatizar ideas importante o provocar la reflexión del público. ¡Siempre funciona!

Un instante de silencio, no lo dudes, puede transmitir más que mil palabras. Pero es necesario saber administrar las pausas adecuadamente

- Evitar usar pausas cortas de forma continua, porque no permiten al público la asimilación mental del discurso, que suele realizarse, precisamente, aprovechando las pausas del orador...
- Tampoco abuses de las pausas demasiado largos, pierden su efecto y acaban aburriendo al publico

Tipos de pausas.

Para atraer la atención. Antes de iniciar tu exposición conseguirás la atención de tu auditorio realizando un breve silencio. Durante estos segundos, una mirada amable y una sonrisa cálida generará mayor expectación.

Para enfatizar. Utiliza la pausa siempre que quieras enfatizar algo, antes y después.

Ejemplo: "En el próximo año, ocho de cada diez empresas cerrarán sus puertas" (pausa).

Para mover a la reflexión. Realizar una pausa tras una frase invita a la audiencia a reflexionar sobre lo que acaba de decir el orador. Se conoce como pausa reflexiva.

La pandemia ha transformado nuestras vidas (pausa) quizá solo durante unos meses, unos años o quizá para siempre (pausa más larga) ¿ Sabremos aprender a vivir en esta nueva realidad ? (pausa antes de seguir con la exposición).

Para generar expectación, con un silencio en medio de una frase: "A consecuencia de la pandemia, en el próximo año (pausa) ocho de cada diez empresas cerraran sus puertas".

Por eso, hoy quiero anunciaros algo importante. (Silencio). El final de esta pandemia ya es una realidad.

En este otro ejemplo, enfatizar puede arrancar aplausos del público.

De esta manera, y gracias colaboración de todos, el final de esta pandemia ya es una realidad. (Silencio). Una crisis sanitaria que, como explicaba...

La palabra adecuada puede ser efectiva, pero ninguna palabra ha sido tan efectiva como una pausa en el momento adecuado.
Mark Twain

Capítulo 7

El poder de tus gestos

El cuerpo cuenta lo que las palabras no pueden decir.
Martha Graham

Comunicación no verbal, más que palabras

Existen tres formas de comunicación no verbal:

Kinesia. Se refiere a los gestos y movimientos corporales.

Paralingüística. Está vinculada al uso que hacemos de nuestra voz.

Proxémica. Relacionada al uso del espacio personal, las distancias que se mantienen, así como con la ubicación de las personas en espacios determinados.

Antes de empezar a hablar,
procura que en tu rostro pueda leerse lo que vas a decir.
Marco Aurelio

La postura corporal, el contacto visual o los gestos, es decir, el lenguaje no verbal, también comunican. ¡Y no imaginas cómo! Cuando entras en escena, aun sin decir palabra, estás comunicando. Los asistentes a tu exposición podrán leer en tus expresiones faciales, en el modo en que utilizas tus manos, en la forma en la que les miras o no lo haces, y en cómo te mueves o te paras en el escenario.

Recuerda que el impacto de tus gestos en la audiencia reside en la calidad, no en la cantidad… Una gesticulación exagerada delata inseguridad e inmadurez. Además, no es necesario bombardear a tu audiencia con multitud de movimientos, sin orden ni concierto.

La técnica es sencilla: realiza tus movimientos con naturalidad, ni bruscos ni exagerados, Apuesta por gestos abiertos que transmiten franqueza y apertura; evita gestos cerrados, que indican represión, violencia o introversión.

Tus movimientos serán:
- Fluidos.
- Precisos.
- Naturales.

Los movimientos expresivos dan vivacidad y energía a las palabras pronunciadas. Pueden revelar —y a menudo revelan— los pensamientos con más sinceridad que las palabras, que pueden ser falseadas.
Darwin

TIPS para un lenguaje corporal poderoso

Adopta la postura de "neutralidad"

Transmitir a tu audiencia un poderoso mensaje de seguridad y autenticidad, es fundamental para que tu mensaje resulte creíble.

Esta postura te ayudará. Pisa con tus pies el suelo firmemente, abiertos con la distancia del ancho de tus hombros, equilibra el peso en ambas caderas y sitúa tus los brazos extendidos de manera natural a tus costados.

Habla también con las manos

Las manos te ayudarán a enfatizar palabras o frases estratégicas del mensaje, manifestar tu pasión por el tema del que hablas o empatizar con tu audiencia. Pero también pueden delatar tu inseguridad, no lo olvides.

Qué significan los gestos de las manos:

— Manos en los bolsillos denota falta de implicación o la idea de que estas ocultando algo.

— Mostrar las palmas abiertas expresa sinceridad y honestidad.

— Manos en las caderas muestra una actitud sutilmente agresiva.

— Puntas de los dedos unidos expresa confianza y seguridad, pero puede llegar a confundirse con arrogancia. ¡Ojo¡

— Palmas de las manos hacia arriba, abiertas, suelen tener una connotación positiva en las personas.

— Manos en la espalda muestran una gran dosis de confianza en uno mismo.

— Dedo apuntando es una muestra de arrogancia y puede resultar ofensivo. Sin embargo, el dedo índice señalando hacia arriba añade fuerza y firmeza al discurso, pero debes reservarlo para momentos en los que necesites ser muy contundente.

— Manos y pulgares a la vista aportará fuerza a tu discurso.

Mantén el contacto visual.

Constituye un gesto extraordinariamente poderoso para captar el interés de los asistentes, debido a la elevada expresividad emocional de los ojos. No olvides que quienes te escuchan deben sentir que tu exposición está pensada especialmente para ellos, y tu mirada juega un papel fundamental para conseguir este objetivo.

Mira a tus oyentes a los ojos, pero eso sí, sin clavarles la mirada… Mantén una mirada suave durante un par de segundos; de lo contrario solo lograrás intimidarles.

Los ojos son el punto donde se mezclan alma y cuerpo.
Friedrich Hebbel

Practica el barrido ocular. Distribuye tu mirada, incluye con ella a toda la sala durante tu exposición en público. Estarás enviando un mensaje de control y seguridad.

La mirada es la más sutil de las formas de expresión corporal.
Allan y Barbara Pease

Aduéñate del escenario.

Tan negativo es vagar de un lado a otro del escenario, sin sentido alguno, como ver a un orador anclado en la misma posición, sin moverse durante toda su intervención. ¡Tedioso!

Aprovecha el espacio del que dispongas durante tu exposición, ocupa el escenario, muévete durante las transiciones entre los distintos puntos de tu exposición.

Permanece quieto cuando quieras transmitir una idea; de este modo la atención de la audiencia está sobre ti.

El escenario en tres zonas. Divide de forma imaginaria al auditorio en tres zonas y ve ofreciendo tu exposición alternativamente en cada una de las divisiones. Aprovecha tus pausas para dar un par de pasos laterales que te permitan incluir al público que se encuentre a los lados del auditorio:

- Lateral derecho.
- Centro.
- Y lateral izquierdo.

Pero no todo el movimiento durante una intervención en público se reduce a caminar de izquierda a derecha del escenario. También puedes acercarte al público, pero no abuses de este recurso, solo cuando necesites subrayar algo importante, aportar alguna clave de tu exposición o incluso susurrar algo a tu audiencia.

Y por último, sonríe, por favor.

La sonrisa es una de las armas más poderosas que tiene el cuerpo para comunicar. Constituye otro lenguaje al margen de las palabras. A través de la sonrisa seducimos, agradamos, inspiramos ternura o generamos buen humor. Por estos motivos, la sonrisa genera una reacción positiva en los demás.

No olvides que la mejor tarjeta de visita de un orador es la potente combinación de una mirada serena y un rostro sonriente. Después, vendrá todo lo demás….

Una sonrisa cálida y amable inspira confianza, y emplearla mientras se habla en público refleja estar contento de estar presente. Por consiguiente, tiene como efecto inmediato e inevitable que los oyentes sientan simpatía por el orador y también se alegren de verlo.
Dale Carnegie

Otras consideraciones

Ojo con las pantallas y pizarras. Si miras a la pantalla o a la pizarra mientras hablas, dejas de mirar a la audiencia, un gravísimo error… Siempre que hables, debes mantener contacto visual con tu audiencia.

Mientras estés escribiendo o dibujando en la pizarra, no sigas hablándole al público. Actúa de esta forma (de manera ágil, claro)

- Primero dibuja o escribe tu texto.
- Después, date la vuelta.
- Finalmente, mira al público y dirígete a él.

¡Si la exposición es leída! Tu mirada también es importante si decides leer tu exposición en público. Es imprescindible que no pierdas el contacto visual con tu audiencia. Lee tus notas, pero alzando la vista de vez en cuando a lo largo de tu intervención. Elige momentos emotivos del discurso o de especial interés. Puede ser en una pausa prolongada, para revelar algo que consideres de especial interés enfatizar.

En cualquier caso recuerda que es mejor no leer tu exposición, ni tampoco memorizarla.

Ejercicio

Te ayudará practicar tus ejercicios de lectura adelantar tu mirada a la emisión de tu voz.

Lee intentando que tu mirada se fije en las palabras siguientes a la que estás pronunciando. Es cuestión de práctica…

El discurso elocuente no es de boca a oreja, sino de corazón a corazón.
Williams Jennings Bryan

Ejercicio

Con los conocimientos adquiridos en este capítulo ya puedes realizar una buena comunicación No verbal. Aplicar lo aprendido en cualquier momento de tu vida cotidiana. Es una buena manera de ir interiorizando los gestos que te llevaran a una potente comunicación No verbal cuando hables en público

Capítulo 8
Tu hoja de ruta: el guión

El secreto de un buen discurso es tener un buen comienzo y un buen final, y luego tratar de que ambos estén lo más cerca posible.
George Burns

Desde hace más de dos mil años, los grandes oradores se miran en el espejo de la antigua Grecia. Quizá por ello, Adam Frankel, autor de buen número de los discursos del expresidente de los EEUU Barack Obama, asegura en un artículo publicado en Time que "la mejor manera de aprender a escribir discursos es leer los grandes, de la oración fúnebre de Pericles al "He ido a la cima de la montaña" de Martin Luther King, pasando por el discurso de aceptación del Nobel que pronunció Faulkner".

Ser un buen orador requiere hablar con convencimiento, de manera ordenada, con los ornatos del lenguaje y de memoria, todo ello acompañado también de una cierta dignidad de gestos.
Cicerón

Por qué escribir el guión de tu presentación

Un guión es un mapa esquemático que te ayudará a ordenar las ideas y te guiará con eficacia durante tu intervención en público. Controlarás en todo momento en qué parte de tu exposición te encuentras, te ayudará a no divagar, a ir al grano sin salidas tangenciales, a no olvidar nada de lo que tengas previsto contar y a algo fundamental: controlar el tiempo.

Ser breve no significa hablar poco tiempo; significa no introducir en el discurso frases innecesarias. El principiante tiene pánico a no llenar el tiempo previsto. No tema, se lo van a agradecer.
Vallejo-Nájera

Tres conceptos básicos para realizar una exposición en público:

1. Comienza diciendo lo que vas a contar.

2. Después, cuéntalo.

3. Termina recordando lo que has contado.

Algunas observaciones antes de escribir tu guion.

Escribe como si estuvieras hablando

Una exposición en público, cualquiera que sea, está pensada para ser escuchada, no leída. Cuida de este detalle para elaborar un guion que te permita una declamación natural, que se asemeje a tu forma de hablar.

Ten en cuenta, por ejemplo, que cuando hablamos usamos frases más cortas que cuando escribimos. Olvídate de frases subordinadas interminables que te dejarán agotado en el escenario y escribe como si hablaras. Evita expresiones complejas que pueden resultar en un texto espectaculares, pero que al ser leído pueden convertir el discurso en algo muy farragoso.

Concisión. Cuanto menos escribas, mejor.

Saber resumir el contenido de una intervención en público puede que sea su parte más complicada. Escribe poco, solo ideas clave y cortas, evita todas las palabras que no sean necesarias para dar sentido a tu discurso, no apabulles con información superflua que no aporta nada… Atente a dos máximas contrastadas: "calidad en lugar de calidad" y "menos es más".

Si necesitas muchas palabras para expresar lo que tienes en mente, piénsalo más.
Dennis Roth

¡Ojo con tus notas!

Evitar sostenerlas con ambas manos, ya que ello impediría realizar gestos con ellas. Aunque puede ser aceptable sujetar las notas o papeles con una mano, en caso de temblor de manos es mejor no hacerlo, ya que aquel se hace más patente. Déjalas encima de la mesa o el atril y consúltalas de forma discreta y rápida y lo menos frecuentemente posible, de modo que puedas mirar al público la mayor parte del tiempo de tu exposición.

En caso de nerviosismo, inseguridad, duda u olvido, recurre a tus notas. Más vale eso que divagar, perderte o bloquearte...

Utiliza figuras literarias

Utiliza figuras literarias para embellecer tu exposición en público.

Las figuras literarias, también conocidas como figuras retóricas, dotan a las palabras de expresividad, vivacidad o belleza, con el objeto de sorprender, emocionar, sugerir o persuadir.

Anáfora.
La anáfora consiste en la repetición rítmica de determinados sonidos o palabras al principio de un verso o de una frase.

Algunos de los discursos más celebres contienen anáforas como "I have a dream" de Martin Luther King o el archiconocido "Yes we can" de Obama.

"Lucharemos en las playas, lucharemos en los aeródromos, lucharemos en los campos y en las calles, lucharemos en las colinas, nunca nos rendiremos." [6]

"Ni esperanza fallida, ni trabajos injustos, ni pena inmerecida".[7]

"Verde que te quiero verde. Verde viento. Verde ramas".

"Caminante no hay camino, se hace el camino al andar".[8]

---

6   Winston Churchill

7   "En paz", de Amado Nervo.

8   Antonio Machado

Epífora.

Es la figura contraria a la anáfora, la repetición, pero en este caso al final de las frases o versos. La epífora podemos utirlizarla para dar énfasis en nuestros discursos.

Ejemplo:

"Compañera, usted sabe que puede contar conmigo
no hasta dos o hasta diez sino contar conmigo".[9]

"No digáis que la muerte huele a nada
que la ausencia de amor huele a nada,
que la ausencia del aire, de la sombra huelen a nada".[10]

"Mano negra clandestina, peruano clandestino, africano clandestino". [11]

Polisíndeton.

Esta figura ayuda a enfatizar alguna de sus partes e intensificar la expresión. Consiste en el uso de conjunciones innecesarias dentro de la oración.

Ejemplo:

"Y nos dieron las diez, y las once, y las doce, y la una, y las dos, y las tres".[12]

---

9   Mario Benedetti, "Hagamos un trato".
10   Vicente Aleixandre
11   "Clandestino" de Manu Chao.
12   Joaquín Sabina

"¡Y las mujeres, y los niños, y los viejos, y los enfermos, gritarán entre el fuego, y vosotros cantaréis y yo también, porque seré yo quien os guíe!".[13]

"El tiempo lame y roe y pule y mancha y muerde". [14]

Quiasmo.

Figura retórica que intercambia ideas paralelas y opuestas.

Ejemplo:

"No preguntes lo qué tu país puede hacer por ti, pregúntate qué puedes hacer tú por tu país".[15]

"Necesitamos vivir simplemente para que otros puedan simplemente vivir".[16]

"Ni son todos los que están, ni están todos los que son."

Onomatopeya.

La onomatopeya consiste en utilizar palabras cuya pronunciación imita o sugiere sonidos naturales.

"¡Zas!"
"¡Muuu!"
"Tolón, tolón…"

---

13   Ramón del Valle-Inclán
14   Antonio Machado
15   John F. Kennedy en su discurso de investidura en 1961.
16   Mahatma Gandhi

Es tan sencillo como efectivo.

"Shissst" (para pedir silencio).
"Toc-toc" (para imitar una puerta que se toca).
"Mmmm" (para expresar que algo está delicioso).

Planificación de la exposición

En cualquier intervención en público no hay espacio para la improvisación; es necesario prepararla a fondo. Por muy relevante que sea su contenido y muy buen orador que seas tú, si la exposición está desorganizada provocará la desconexión inmediata de tu audiencia, porque se sentirá incapaz de seguirte… Por tal motivo, los oradores de referencia invierten mucho tiempo en la organización de su exposición en público.

Selecciona y define el tema del que se va a hablar durante la exposición.

Consulta fuentes de información y cítalas. Ofrecerás mayor credibilidad a tu exposición.

Organiza la información para después distribuirla en la introducción, desarrollo y cierre de tu intervención.

Si tengo que dirigir un discurso de dos horas, empleo diez minutos en su preparación. Si se trata de un discurso de diez minutos, entonces me lleva dos horas.
Winston Churchill

Este sencillo ejercicio te ayudará a tener una visión global y pormenorizada de tu intervención:

Ordena las ideas, creando un listado con los conceptos concretos que quieres exponer a lo largo de tu exposición. Escribe en el centro de página el título y enciérralo en un círculo. Alrededor de ese círculo puedes ir apuntando con flechas la selección de conceptos del listado.

Conectores discursivos y fluidez o ritmo

Enlaza las ideas. La fluidez de tu intervención en público depende de que estén bien enlazados sus argumentos. Lo deseable es que una cosa lleve a la otra de forma natural y fluida. Podrás conseguirlo utilizando palabras que organicen, relacionen y cohesionen las ideas y partes del discurso. Estos se llaman conectores discursivos.

Ejemplos:

Dotaras de fluidez a tu exposición si repites información que hayas dado anteriormente y encadenarla con nueva información utilizando conectores.

Ejemplo:

"Si hasta ahora hemos visto…, ahora veremos…"; "esto tiene relación con lo que hemos mencionado antes…". O utilizar expresiones de lugar y de tiempo, que además ayudan al público a situarse: "Ya hemos visto…"; "hablemos ahora…". "Veamos, primero, […] y comentemos, después […]".

Conectores para distintas situaciones

Iniciar una exposición:

El objetivo de esta exposición es…/ Hablaré en primer lugar de…/ De entrada…

Introducir ejemplos o hacer incisos:

Por ejemplo…/ Como es el caso de…/ Recordemos, en ese sentido, que…

Estructurar la exposición:

En primer lugar…/ En segundo lugar…/ Por un lado,… por otro lado,…/ Finalmente...

Retomar algún punto:

Volviendo a lo que hemos visto al principio…/ Como decía…/ Señalaba que…

Relacionar:

Consecuentemente…/ Eso nos demuestra que…/ Deducimos, entonces…

Introducir un tema:

En cuanto a…/ Con referencia a…/ Referente a… / En lo que respecta… Con relación a…/ En relación con…/ Con respecto a…/ Por lo que se refiere a…/ Acerca de…

Añadir ideas:

Así mismo…/ Así como…/ También…./ Al mismo tiempo…/ Por otro lado…/

Por otra parte…/ De la misma forma.../ Cabe señalar que…

Finalizar una exposición :
Finalmente, el último aspecto…/ En resumen…/ Para terminar…/ En conclusión…

Entre dos explicaciones, elige la más clara; entre dos formas, la más elemental;
Entre dos expresiones, la más breve.
Eugenio D'Ors

Manos a la tecla. ¡Redacta tu guion!

No es necesario que escribas todo, absolutamente todo lo que vas a decir durante su desarrollo. Utiliza en tu guion ITMS, pequeños párrafos que te ayuden a mantener el hilo de la exposición.

Puedes empezar ordenando tu exposición atendiendo a diferentes criterios. Algunos de ellos pueden ser:

Criterio de importancia. ¿Cuál es, exactamente, la información más relevante? ¿Qué conceptos de la exposición son secundarios?

Criterio de lógica. ¿Qué datos o conceptos debería conocer tu audiencia, en primer lugar?

Criterio cronológico. ¿Qué sucedió primero?

Criterio de intereses. ¿Qué tema o información interesa a tu audiencia?

Y otros tantos criterios…

Estructura clásica: inicio, nudo y desenlace

Construir una estructura ordenada clara y sencilla de una exposición ayuda a captar y mantener la atención de la audiencia. Además, un argumento lógico, claro y bien dividido, es más persuasivo que uno deslavazado.

Un inicio que enganche y conecte con la audiencia.

Un nudo, lógico, claro y bien dividido que mantenga conectada a la audiencia.

Y un desenlace que impacte a la audiencia

> *Cuida el orden para que el orden te cuide a ti.*
> San Agustín

Inicio. ¿Cómo lograr un inicio que enganche y conecte con tu audiencia?

Un buen comienzo es la clave para que tu audiencia siga interesada en escuchar el nudo y el desenlace de tu intervención. No olvides que solo tienes treinta segundos para que el público decida si sienten simpatía por ti, y si les interesa prestarte atención. Quizá por ello el escritor y político Lockwood Thorpe advertía de que la audiencia se gana o se pierde en las cinco primeras frases.

Objetivos del inicio de tu exposición en público
- Captar la atención de tu audiencia.
- Presentar el tema central.

Autopresentación: Si antes de iniciar tu intervención nadie te ha presentado, no hay problema: preséntate tú mismo con una descripción breve de quién eres, qué es lo que haces y qué te diferencia, es decir, cuál es tu valor añadido. Estarás así explicando por qué motivo deben invertir su tiempo en ti, cuestión nada baladí... Es un momento importante de tu intervención. Concédele la importancia que requiere, prepara tu autopresentación, interiorízala y practícala.

Nunca tendrá una segunda oportunidad para caer bien.
Groucho Marx

Por ejemplo, imagina que vas a hablar de los resultados anuales de tu empresa.

Cómo iniciar una exposición y perder a la audiencia en el intento…
Antes de que veamos distintas formas de iniciar una exposición en público, repasemos cómo arrancarla de la peor manera posible.

Veamos esta típica y aburrida forma de presentaciones.

"Buenas tardes, mi nombre es Juan García Damas, y dirijo el departamento de marketing de Chocolatinas CEO. Ante todo, muchas gracias por recibirme. Es un placer estar aquí, agradezco mucho la invitación y espero que mi exposición sea de su agrado".

Veamos esta otra forma de autopresentación.

"De tres a treinta ventas a la semana. Ese ha sido el crecimiento de chocolatinas CEO en un periodo de ocho meses.

Soy Juan García Damas y hoy os contaré por qué y cómo lo hemos conseguido. Buenas tardes".

A evitar.

Evita comenzar cualquier intervención utilizando frases del tipo "estoy muy contento de estar aquí hoy". Churchill, un orador de referencia, las odiaba… Por algo sería.

Evita arrancar tu exposición mencionando la lista de personalidades presentes, porque tu audiencia desconectará irremediablemente.

Evita comenzar con los agradecimientos. Es de recibo, sin duda, mostrar nuestro agradecimiento a las personas que nos han invitado y a quienes nos escuchan, pero no es necesario hacerlo justo al inicio de tu intervención. A mí me gusta más hacerlo cuando la intervención está más avanzada.

¿Cómo iniciar una exposición en público?

Ahora sí; con el objetivo de "enganchar a tu público", ahí van algunas formas de arrancar cualquier exposición en público. Aforismos, historias, datos, preguntas, son algunas posibilidades con las que abrir una intervención en público. Para utilizarlos es absolutamente imprescindible que estos recursos guarden relación con el tema de tu exposición. Si vas a hablar de la sexualidad del cangrejo ermitaño, no parece muy indicado empezar con una pregunta, historia, aforismo o cualquier otro recurso sobre el ecosistema emprendedor… A no ser, claro, que hayas preparado una buena transición que lo justifique. Todo lo que no apoye o sume al tema fundamental de tu exposición debes descartarlo, por norma general.

Los oradores y presentadores saben que comenzar con impacto determina el enganche del público.
Susan C. Young

Aforismos.

Usar citas de personalidades reconocidas o expertas en la temática que tratas, generan motivación e interés de audiencia. No te resultará complicado vincular este recurso a tu tema y al público a la que te dirijas, porque hables de lo que hables, siempre encontrarás una cita célebre que encaja como anillo al dedo con el mensaje que quieres transmitir.

Historias.

Utilizar esta técnica para abrir tu exposición es una apuesta ganadora. Parece ser que Obama, considerado un mago de la oratoria, suele comenzar con una historia de la ciudad o pueblo en el que va a pronunciar su discurso. Realizar guiños al lugar geográfico que acoge una exposición en público es un recurso de frecuente utilización, que ayuda a generar cercanía con los asistentes.

Historia personal.

Una técnica clásica es empezar con una anécdota personal vinculada al contenido de tu exposición. Esta fue la fórmula empleada por Oprha Winfrey, cuando inició su célebre discurso sobre igualdad. La diva arrancó recordando con todo lujo de detalles sus recuerdos de niña el día en que dieron por primera vez el Oscar a un actor negro: Sidney Poitier. Un arranque redondo, perfecto.

Ejemplo:

Hace unos años viaje a Praga. Aterricé en el aeropuerto la misma noche que se desbordó el río Moldava. Aquella experiencia cambiaría el rumbo de mi vida…

> *Ponte a ti mismo en tu discurso.*
> Dale Carnegie

Datos, sucesos o estadísticas. Empezar una exposición revelando un dato, sucesos o estadística impactante atraerá la atención del público.

Ejemplo:

El trabajo es más a menudo una fuente de frustración que de realización, para casi el 90% de los trabajadores del mundo, según informa la revista Forbes.

Preguntas

Las preguntas involucran a la audiencia; por tanto, representan un buen motivo para iniciar tu exposición con una pregunta provocativa, o que despierte curiosidad o genere emociones

Una formulación correcta...

Afecta a los intereses de tu audiencia
— ¿Cuántos de ustedes han contratado un seguro de hogar, un seguro médico o un seguro de automóvil?

Despierta la curiosidad de tu audiencia
— ¿Saben cuántos asesinos a sueldo ofrecen sus servicios en España?

Mueven a la reflexión a tu audiencia
— ¿En qué medida las expectativas de los demás influyen en tu comportamiento?

Tres tipos de preguntas que conectan.

Existen muchos tipos de preguntas, pero estas tres te ayudarán a darle dinamismo a tu discurso y generar conexión con el público.

Reflexivas. Generan duda e interés en la mente de tu público.

Ejemplo:

— ¿Diseñamos nuestro destino con nuestros actos o ya está escrito?

— ¿Qué te falta para alcanzar tu objetivo?

— ¿Prefieres innovar o seguir el camino establecido?

—¿Y si tuvieras todo el tiempo y el dinero del mundo que harías?

Retóricas. Son preguntas lanzadas al aire sin esperar una respuesta específica del público. Las preguntas retóricas invitan a la reflexión.

Ejemplos:

—¿A qué estamos esperando para salir ahí fuera y demostrar quiénes somos?

—¿Cuántos negocios tendrán que echar el cierre para que el Gobierno valore a los pequeños empresarios?

—¿Estamos dispuestos a asumir los desafíos medioambientales?

Inclusivas. Están formuladas y dirigidas para que la mayor parte del público responda, verbal y mentalmente, "sí". Un sí mayoritario de tu audiencia genera en ella una percepción de semejanza que facilitará su conexión contigo.

Ejemplos:

Si preguntamos: "¿Cuántos de vosotros se ha enamorado alguna vez en su vida?", la gran mayoría levantaría la mano. Sin embargo, si preguntamos: "¿Cuantos de vosotros se ha terminado casando con la hermana/o de su novia/o?".

Alguien podrá contestar afirmativamente, pero será anecdótico. Sencillo.

Frase llamativa, intrigante o impactante

Ejemplo:

— "¿Sabía que el 45% de las frutas y vegetales que se cosechan en todo el mundo se desperdician? "

Humor. Un comienzo divertido siempre resulta atractivo, pero es un arma de doble filo. Si eres de los que tienen "gracia", dar unos toques de humor a determinados puntos de tu intervención te permitirá conectar con la audiencia, pero de lo contrario pasaras un mal rato…

El lenguaje de la verdad debe ser,
sin duda alguna, simple y sin artificios.
Séneca

Ejemplo:

Si el contenido de tu exposición está dirigido a enseñar a hablar en público, en lugar de comenzar diciendo: "Hoy hablaré de los principios de la oratoria", podrías comenzar diciendo algo así: "¿Quieren saber cómo convertirte en un orador de éxito? Cuando termine está conferencia, tendrán todas las claves para lograrlo".

Y, después, cumplir con las expectativas, claro.

Desarrollo. ¿Cómo lograr mantener el interés en tu audiencia?

La respuesta es: con un argumento lógico, claro y bien dividido. Después de sorprender y captar la atención en el inicio de tu intervención, hay que mantenerla durante su desarrollo. Es el momento de ofrecer el contenido completo de tu exposición, explicando al detalle aquello que has vendido en la introducción. Es decir, es el momento de cumplir con las expectativas que hayas generado entre el público asistente a tu intervención.

Claves para que tu audiencia no desconecte
Mantener conectado al público es el reto, pero el desarrollo es la parte principal, más larga y conflictiva de exposición, fundamentalmente porque es el tramo en el que corres mayor peligro de que tu audiencia, precisamente, desconecte. Evitarlo requiere de algunos aspectos.

— Estructura tu argumento de manera clara y divídelo.

— Utiliza un vocabulario sencillo y preferiblemente utiliza frases cortas.

— Vincula entre sí los temas no pases de unos a otros de manera brusca, pues los oyentes pierden el interés cuando escuchan cosas sueltas y desorganizadas.

— Explica tus ideas principales con ejemplos que ayudan a entender y reforzar las ideas que transmites.

— Incluye marcadores y conectores; aportan fluidez a la exposición. Emplea frases que conecten las diferentes ideas y partes de tu exposición.

— Utiliza ejemplos, testimonios, analogías, citas, estadísticas, casos específicos.

— Administra bien las ideas de tu intervención y no entregues toda la información de golpe

— Realiza resúmenes al final de cada parte del desarrollo de tu intervención.

Cierre. Un cierre que impacte a tu audiencia

Tanto o más relevante que un buen comienzo es el cierre de tu intervención. Evita manifestaciones del tipo "termino enseguida", "acabo de forma breve" o "no quiero cansaros", "mi tiempo ya se está acabando", "veo que están cansados" o "enseguida término"…

Impacta en tu audiencia con un cierre memorable, huyendo de expresiones del tipo "y aquí termina mi exposición" , "esto es todo" …

Algunas ideas para cerrar una intervención en público:

Un cierre en dos líneas. Dependiendo de la contundencia del mensaje, un sencillo cierre en dos líneas puede ser de gran efectividad. Me parece un buen ejemplo el que dejó Barack Obama al finalizar su discurso de despedida con un párrafo de apenas un par de líneas que lograron emocionar a su audiencia: "Estadounidenses, ha sido el honor de mi vida servirles. Dios siga bendiciendo a los Estados Unidos. Sí, podemos. Sí, lo hicimos".

Y otro ejemplo de cierre del expresidente de los EEUU: "Somos un mismo pueblo, somos una nación y juntos comenzaremos el próximo gran capítulo de la historia de Estados Unidos con tres palabras que sonarán de costa a costa, de un océano a otro: ¡Sí podemos! ¡Sí podemos! ¡Sí podemos! (Yes we can!)".

Cierre circular. Podríamos definir este tipo de cierre como "recapitulación y golpe de gracia", esta popular técnica fue la empleada por Martin Luther King en su célebre discurso "I have a dream", considerado una referencia de oratoria.

Cierra el círculo de tu intervención vinculando inicio y cierre, mencionando alguna idea expuesta en la introducción. Eso sí, sin utilizar las mismas palabras. Puedes aplicar esta modalidad de cierre a frases célebres, a un autor que mencionas al comienzo y al final de la intervención o a una historia que hayas utilizado en el arranque, entre otras muchas posibilidades.

Ejemplo:

Si un orador decide iniciar su exposición con la celebérrima frase de Henry Ford: "Tanto si crees que puedes como si crees que no puedes, tienes razón", conseguirá un cierre circular si termina su intervención con un mensaje del tipo: "Creed en vosotros mismos, en vuestro verdadero potencial, en vuestras posibilidades, porque solo así y de ninguna otra manera conseguiréis cumplir vuestros objetivos. En palabras de Henry Ford, "tanto si crees que puedes como si crees que no puedes, tienes razón".

Es solo una idea; seguro que encuentras numerosas formas de conectar el principio y final de tu exposición para conseguir los buenos resultados que ofrece esta técnica.

Cita celebre. Excelente forma de conectar emocionalmente con tu audiencia, tanto en el inicio como en el final de una exposición.

Ejemplo:

— "Quien de verdad sabe de qué habla, no encuentra razones para levantar la voz." Muchas gracias.

Pregunta. Invita a tu audiencia a reflexionar sobre el tema que has expuesto.

Ejemplo:

— Y ahora, ¿estáis dispuestos a cambiar de hábitos?

— Hablar en público con eficacia requiere de práctica, ¿vais a buscar el tiempo para lograrlo?

Llamada a la acción. Invita (y motiva) a tu público a realizar una acción determinada y destaca con claridad los beneficios de llevar a cabo la llamada a la acción que estás proponiendo.

Ejemplo:

— Apoyar una causa.

— Visitar una determinada *web*.

— Firmar algún tipo petición.

— Inscribirse en un curso.

— Hacer un pequeño cambio en sus hábitos de vida.

— Votar una candidatura.

— Y otras muchas posibilidades.

Ejemplo:

— "Apuntaos al gimnasio hoy mismo para lograr el cuerpo que deseáis".

— "Si estáis interesados en conocer más información, os recomiendo que visiten mi página web".

— "En su próxima compra, intenta comprar al menos un producto de comercio justo".

Resumen. Reitera, siempre de manera muy resumida, la idea fundamental de tu exposición.

Ejemplo:

— "Y ya sabes: sintetiza tu mensaje, emociona a tu auditorio y cierra con impacto".

Si tienes un buen argumento, no trates de ser sutil o ingenioso. Utiliza un martillo pilón. Dale una vez. Luego vuelve y golpea de nuevo. Luego, una tercera vez.
Winston Churchill

Anáfora. Canciones, películas y poemas están llenos de esta figura retórica que consiste en comenzar distintas frases con las mismas palabras.

Ejemplo:

— Es mi deseo vivir en un mundo con mayor honestidad.

— Es mi deseo vivir en un mundo con más sonrisas.

— Es mi deseo vivir en un mundo con más solidaridad.

— Es mi deseo vivir, en definitiva, en un mundo mejor.

Cuida qué y cómo comunicas: solo es eficaz el mensaje que se comprende a la primera.
Shakespeare

Capítulo 9

De Cicerón a Obama

Hay alguien tan inteligente que
aprende de la experiencia de los demás.
Voltaire

Aprende de los mejores

Cicerón, Pericles o Demóstenes y otros grandes maestros de la oratoria, pero también Steve Jobs, Winston Churchill, John F. Kennedy, Nelson Mandela, Barack Obama o Martin Luther King forman parte del selecto club de brillantes comunicadores de todos los tiempos.

Aprende de los grandes de verdad. Si quieres llevar tu capacidad para hablar en público al siguiente nivel, fíjate en los grandes. Analiza algunos de sus discursos, reconocidos algunos de ellos como verdaderas obras maestras de la oratoria. Te propongo visualizar discursos memorables; a través de ellos te resultara tan fácil como entretenido identificar los recursos y estrategias de los oradores y determinar qué es aquello que les hace tan potentes y singulares. Después puedes jugar, intentando incorporar alguna de sus estrategias a tu exposición en público, pero eso sí, sin perder tu esencia personal. Nada de imitación, solo inspiración.

Internet te proporciona diferentes enlaces en los que poder visionar estas piezas. ¡Aprovéchalo!

Características (validadas) de los grandes oradores

Los grandes oradores de la historia tienen una serie de características en común. Por algo será, ¿no?

Son auténticos, es decir, son ellos mismos, no imitan a nadie.

Se expresan también con su cuerpo. Nuestra mente está programada para "leer" el lenguaje corporal, y ellos lo saben y lo aprovechan.

Son breves. Por contundentes que sea su discurso ellos aplican el célebre "menos es más".

Se concentran en un solo mensaje, saben poner el foco exactamente en aquello que quiere transmitir.

Juegan con su tono de voz y saben gestionar las pausas y silencios.

Comparten anécdotas, historias... Saben que desde tiempos ancestrales las historias tiene un poderoso efecto sobre el ser humano y no dudan en introducirlas en sus intervenciones.

Preparan y practican sus intervenciones en público a conciencia.

Me lo contaron y lo olvidé; lo vi y lo entendí; lo hice y lo aprendí.
Confucio

Oradores y discursos que han pasado la historia

Martin Luther King: "*I have a dream*"

"*I have a dream*" constituye probablemente el discurso por definición con el que el luchador de los derechos civiles impactó al mundo en solo dieciséis minutos un caluroso día de agosto de 1963, desde las escalinatas del Monumento a Lincoln durante la Marcha en Washington por el trabajo y la libertad. Declamado ante más de 200 000 personas necesitadas de esperanza, la frase *I have a dream* pronunciada con una soberbia cadencia y énfasis, despertó a miles y miles de ciudadanos en un momento crucial de la historia estadounidense.

"*I have a dream*" reúne todos los elementos de la buena oratoria. Observa en su discurso cómo:

- Incluye las pausas de manera magistral. Es muy fácil seguir su ritmo.
- No se atropella, mastica cada palabra que dice y es preciso.
- Utiliza la repetición de frases para acentuar los puntos que quiere resaltar, un recurso clásico de los predicadores.

Barack Obama: *"Yes We Can"*

La habilidad de oratoria de Barack Obama es una de las características más valoradas del expresidente de los EEUU. Su capacidad para impactar en las mentes y en los corazones de quienes le escuchan, incluso de los más reticentes, es extraordinaria. Su celebérrimo *"Yes we can"*, pronunciado el 8 de enero de 2008, se convirtió en su eslogan de campaña

Observa en su discurso:

El conmovedor y potente cierre de su intervención. Obama aviva la voz y concluye diciendo: "Somos un mismo pueblo, somos una nación y juntos comenzaremos el próximo gran capítulo de la historia de Estados Unidos con tres palabras que sonarán de costa a costa, de un océano a otro: ¡Sí, podemos! ¡Sí, podemos! ¡Sí, podemos!".

La pasión que imprime en sus palabras, pero sin desbordarse.

La habilidad con la que cuenta historias.

La sencillez de su lenguaje, coloquial e informal, en la tradición de grandes escritores estadounidenses como Mark Twain o Ernest Hemingway.

Un uso brillante de las repeticiones (reiteración del *"Yes we can"* ("Sí, podemos").

Steve Jobs: *"Cómo vivir antes de morir"*

Discurso de graduación de la Universidad de Stamford.

Es posiblemente el discurso más inspirador que circula por YouTube, y uno de los que cuenta con mayor número de visualizaciones.

Steve Jobs pronunció su discurso de graduación, considerado como ejemplo de oratoria, en la Universidad de Stamford, el 12 de junio de 2005.

Observa en su discurso:
Su dominio del arte de contar historia, sin duda fue el mago del *storytelling*.

La claridad de sus mensajes

La estructura, dividida en tres etapas, tres historias perfectamente definidas, apelando, cada una de ellas, a las emociones del público:

En la primera narra cómo sus progenitores le dieron en adopción a una familia humilde y que solo duró seis meses en la universidad, ya que dudaba de lo que quería hacer.

En la segunda detalla cómo le despidieron de Apple, empresa que había fundado, y cómo aprovechó ese tiempo para fundar Pixar —el primer estudio de animación digital— y Next, la compañía que creó la base del sistema operativo de los ordenadores Mac actuales. Se muestra vulnerable, revela sus tropiezos, se pone al mismo nivel de cualquier emprendedor.

Observa, al cierre de este bloque, como Jobs habla mirando a los ojos del público, tocando su corazón

En la tercera explica su enfermedad, el cáncer de páncreas que finalmente acabó con su vida en 2011. Una historia personal y conmovedora en la que transmite dos mensajes claves: el de su empresa y de lo que desea dejar como legado. Observa como en este último relato, Jobs, enfatiza aún más, si cabe.

Finaliza su discurso con un resumen de su intervención, una síntesis conceptual de lo que quiso transmitir a su audiencia.

Svern Suzuki en la ONU

Corría el año 1992 cuando una muchacha canadiense que acababa de cumplir trece años, Svern Suzuki, consiguió impactar con su discurso a los asistentes a la Cumbre de Medio Ambiente y Desarrollo en la ONU de aquel año. Probablemente sin proponérselo, aquella adolescente, consiguió que su discurso sobre cuestiones ambientales desde la perspectiva de los jóvenes, dejara muda a la sala. Suzuki atrapó, conmovió, movilizó emociones ante uno de los foros más importantes del planeta. ¿Cuál fue su secreto? Suzuki habló desde el corazón, con palabras de verdad, con ardor, no fue tibia...

Observa:

Su introducción, con la que logró captar la atención de su audiencia: "Somos un grupo de niños de 12 y 13 años de Canadá intentando lograr un cambio: Vanessa Suttie, Morgan Geisler, Michelle Quigg y yo. Recaudamos nosotros mismos el dinero para venir aquí, a cinco mil millas, para decirles a ustedes, adultos, que deben cambiar su forma de actuar".

La determinación que transmite con solo trece años de edad.

Como utiliza la anáfora para embellecer su potente mensaje: "Estoy aquí para hablar en nombre de todas las generaciones venideras. Estoy aquí para hablar en defensa de los niños hambrientos cuyo llanto es ignorado por todo el mundo. Estoy aquí para hablar de los incontables animales que mueren en este planeta porque no les queda donde ir".

La seguridad que imprime a sus palabras.

La estructura de su intervención, donde combina historias personales, reivindicaciones y frases que tocan el alma.

Sus mensajes directos y retadores: "Durante mi vida, he soñado con ver las manadas de animales salvajes y las junglas y bosques repletos de pájaros y mariposas, pero ahora me pregunto si existirán para que mis hijos los vean también. ¿Tuvieron que preguntarse ustedes estas cosas cuando tenían mi edad?".

Su magnífica modulación de voz.

Su lenguaje corporal sereno.

Un cierre impactante que mueve a la reflexión de su audiencia: "Nos educan diciéndonos que nos queréis; los desafío: por favor, hagan que sus acciones reflejen sus palabras. Gracias".

"Siempre hay tres discursos por cada discurso que dar: el que practicaste, el que diste y el que te hubiese gustado dar".

Dale Carnegie

Patrocinio

¿Necesitas hablar en público? ¿Presentar un proyecto, una idea o un acto? ¿Pronunciar un discurso? ¿Exponer un trabajo? ¿Ofrecer una charla comercial? ¿Impartir una formación?¿*Vender* tu idea de negocio a posibles inversores?...

El Centro Español de Oratoria te ofrece productos y servicios para todas las necesidades, niveles y precios con el objetivo de ayudarte a hablar en público de manera eficiente en el entorno real y virtual.

Metodología práctica y motivadora para aprender a hablar en público con éxito, abandonar el miedo escénico y disfrutar de tus intervenciones.

Formación online y presencial: cursos, talleres y entrenamiento *ONE to ONE.*

Web: **www.ce-oratoria.com**
E-mail: **info@ce-oratoria.com**